传统企业如何做微商

实体企业转型微商21步

晁伟　李鲆　著

台海出版社

图书在版编目（CIP）数据

传统企业如何做微商：实体企业转型微商21步 / 晁伟，李鲆著. — 北京：台海出版社，2018.12

ISBN 978-7-5168-2175-6

Ⅰ.①传… Ⅱ.①晁… ②李… Ⅲ.①网络营销 Ⅳ.①F713.365.2

中国版本图书馆CIP数据核字（2018）第262139号

传统企业如何做微商：实体企业转型微商21步

著　者：晁伟　李鲆	
责任编辑：徐玥	装帧设计：万有文化
版式设计：万有文化	责任印制：蔡旭

出版发行：台海出版社

地　　址：北京市东城区景山东街20号　　邮政编码：100009

电　　话：010 - 64041652（发行，邮购）

传　　真：010 - 84045799（总编室）

网　　址：www.taimeng.org.cn/thcbs/default.htm

E - m a i l：thcbs@126.com

经　　销：全国各地新华书店

印　　刷：天津盛辉印刷有限公司

本书如有破损、缺页、装订错误，请与本社联系调换

开　　本：880mm×1230mm　　1/32

字　　数：109千字　　　　　印　张：7

版　　次：2018年12月第1版　　印　次：2018年12月第1次印刷

书　　号：ISBN 978-7-5168-2175-6

定　　价：69.00元

传统企业转型微商实操手册

文/李鲆

2017年9月，我听过一次晁伟主讲的《实体企业转型微商21步》课程，当即向他约稿。但他一直很忙，他落地辅导了近百家品牌转型微商，其中不乏亿级规模品牌，因此直到一年后，也就是2018年的10月，我才拿到这部书稿——《传统企业如何做微商：实体企业转型微商21步》。

这一年的等待，是值得的。

微商行业发展迅速，令许多普通人创造了很多不可能完成的商业奇迹，这也令很多传统企业动心。他们想要转型微商，却发现转型成功的企业少之又少，因为那些转型失败的传统企业用的方法都是不到位的。

可能很多传统企业对自己为何转型失败感到困惑，搞不懂究竟是思维方式有问题，是管理方式有问题，还是品牌有问题。

关于这些问题，晁伟都会在书中，通过21个步骤为你排忧解难。

晁伟从微商的思维讲起，分析微商与传统企业的思维差异。并结合各种生动的案例，告诉大家用传统企业的方法，无论是管理、品牌、产品设计、人事调动、吸粉等在微商中都是不可用的。教你如何学会从微商的角度出发，打破传统企业的格局，帮助你转型成功。

唯有真正地理解这21个步骤，传统企业才能更容易地从以往固有的传统模式，转型为新时代的微商模式，从而达到转型成功的目的。

也许有人会顾虑，转型21个步骤有些烦琐，无法一一落实到位。

需要注意的是，传统企业从无到有也不是一朝一夕的事，何况现在需要从原本的模式转型为新颖的模式。这其中遇到的问题与当初成立时遇到的有过之而无不及。

所以，如果你想成功从传统企业转型微商，就需要了解这21步，也需要一本《传统企业如何做微商：实体企业转型微商21步》。

李鲆 出版策划

微信号：276527980

资深出版人，策划出版多部畅销书，著有《畅销书浅规则》
《畅销书营销浅规则》《微商文案手册》等

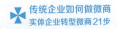

contents

目录

1

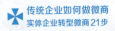

传统中小微企业要怎么才能转型

文/龚文祥

微商界拥有较高端人脉圈子的触电会，现在已经有近1000名的会员。

晁伟是较早加入触电会的会员之一，现在也是触电会浙江分会的会长。

作为触电会的创始人，我对晁伟的印象有以下几个：

1.勤奋

晁伟是触电会的才子,他基本每天写一篇关于微商的原创文章。也正因如此,2017年、2018年,他连续两年被评为"中国微商十大自媒体"。

2.干货多

晁伟的文章都是从实际经验中总结出来的,有非常多的干货。不管对于微商新人,还是对于想转型微商的传统企业,都有立竿见影的指导意义。

3.口碑好

晁伟从微商顶层设计这一细分领域入手,从事传统企业转型微商项目,后来逐渐成立了全面的微商咨询、辅导公司,帮助了触电会内部几十位会友成功转型微商,做成了几百万元的生意,现在一个咨询案已经收费上百万元了。

据不完全统计,目前中国传统企业有8000多万家,大多数行业都在从暴利期转向微利期,甚至无利期的阶段。

那么,我们传统企业如何才能借助微信这个裂变性的工具,成功转型呢?

我认为学习以下三个人的思维和课程就可以了:

第一，学习我的《微商思维》，微商将是未来所有商业的统称，也将是未来所有商业的底层架构。

前不久，我出版的新书《微商思维》中，就系统地阐述了微商思维的方方面面。

所有的传统企业用"微商思维"都值得重做一次。

第二，学习周雷忠老师的《资本架构学》。

周雷忠老师的《资本架构学》包括"逆向盈利""逆向融资""逆向招商"等课程，他把培训和咨询相结合，开创了一个新的"培训咨询"品类。

同时，他站在中小微企业老板二次创业的角度，从公司顶层设计到中层招商，重构了做生意赚钱的新的逻辑。

所有的传统企业用"资本架构学"也都值得重做一次。

第三，学习晁伟的微商落地运营咨询辅导课，在微商圈子里，有实际操盘手经验的往往不会总结，经常写文章的又往往没有一线的实际操盘经验。

这两者都具备的又往往没有传统渠道的丰富经验。

而晁伟就能把传统渠道、微商实地操盘、理论总结完美结合在一起。

更为难能可贵的是，晁伟同时又把我的《微商思维》、周雷忠老师的《资本架构学》和微商落地咨询辅导连接在一起。

这一切，晁伟都总结在《传统企业如何做微商：实体企业转型微商21步》这本书里。

所有的传统企业用"逆向微商"的方法还值得重做一次。

《传统企业如何做微商：实体企业转型微商21步》值得所有的传统中小微企业老板和微商操盘手一读。

传统企业怎样做微商

开宗明义,这本书最大的缺点就是:干货太多!

微商思维中,谦虚使人退步,骄傲才能使人进步。

我做了二十年的传统营销,在化妆品行业的上市公司、知名企业长期担任各种重要工作岗位,对于产品开发、品牌定位、品牌战略、销售管理、营销策划了如指掌。

转型微商以来,我从上市公司的微商操盘手做起,继而成功转型微商咨询顾问的角色,已辅导了上市公司品牌如汇源、万马、桑乐金等几十家企业。

我坚持每天写一篇原创微商文章,举办各种线上、线下培训会,粗略估计,已影响了近50万名微商人。

我连续两年被微商的高端社群"触电会"创始人龚文祥老师评为"中国微商十大自媒体""中国微商十大服务商"等。

这本书其实是我从事微商以来的咨询笔记,浓缩成传统企业转型微商的21步。

第一,这本书是写给谁看的?

和品牌要有一个定位一样,这本书是写给如下人群看的:

1.想转型微商的传统企业老板。

2.线下实体门店老板。

3.微商操盘手。

4.微商运营团队成员。

5.微商团队长。

这本书可以作为所有想了解微商到底是什么的朋友的案头工具书。

第二,为什么传统企业老板和操盘手要读这本书?

我从传统渠道转型微商,所以从传统企业转型微商时所遇到的各种痛点、走过的各种弯路、花的各种冤枉钱,一样都没落下,全部记录在书里,并给出了解决办法。

就拿成年人和儿童学电脑的不同来举例说明。

儿童学电脑,不管三七二十一,直接上电脑操作,这种方法能学好电脑。

而成年人学电脑,基本是按照一本厚厚的教材来学。先弄清楚第一步要做什么，第二步要做什么，都弄清楚了，才学得心安。

这种方法也能学好电脑，而且还能比儿童学得更好。

我发现，传统渠道的朋友，包括我自己，在转型微商时，更像成年人学电脑。

所以我把自己咨询、辅导微商品牌时的笔记和心得，按照传统企业转型微商要经历的步骤，一步一步地列出来。

一个传统企业的老板或操盘手，只要把这21步弄清楚了，也就基本明白微商是怎么做的了，接下来就是时间的沉淀。

这本书能够出版，特别感谢三位老师。

第一位是触电会的创始人龚文祥老师。

认识一个人，打开一扇门。走进门里边，认识更多人。

我发觉我在微商圈子里积累的人脉，基本是从认识龚老师、加入触电会开始的。

借这本书的机会，特别感谢龚文祥老师！

第二位要感谢的是智客会的创始人周雷忠老师。

我奉为金科玉律的传统企业铁三角"产品、营销、管理"，在看过周雷忠老师的《逆向盈利》之后，思维受到了巨大的冲击，铁三角变成了金三角的"模式、融资、招商"。

周雷忠老师的整套资本架构学把我对微商的理解提升到一个更高的维度。站高一线，盈利无限！

第三位要感谢的是李鲆老师。

李鲆老师出版了很多畅销书，比如微商入门读物《微信营销108招》和《微商文案手册》等。

正是在李鲆老师的鼓励、监督和支持下，这本书才可以顺利出版。

最后感谢信任以及支持我的众多合作品牌。

第 1 步

养成十大顶级微商思维

要做微商,首先要弄明白微商到底是什么?

从可执行的角度来看,我认为微商是一个渠道。

再具体一点来说,微商作为一个渠道,有以下三个特点:

1.微商把最小售卖单位从原来的公司或店铺变成了个人。

2.微商借鉴了直销的裂变倍增模式制度。

3.微商借助了微信、互联网营销。

正是有了上述三个特点,所以微商的一个月才相当于传统渠道的一年,这是微商能产生许许多多商业奇迹的原因。

这些微商奇迹在传统渠道的朋友看来,确实很不可思议,让人瞠目结舌。

比如一个做线下商场、超市渠道的牙膏品牌,生意还算不错,一次下单可能会有十万支。但是一个普通的微商牙膏品牌,一次下单是以"百万支"为单位的。

而这么多微商奇迹背后的原因就是顶级微商思维。

在微商时代,技能是基础,赚钱靠思维,做大靠模式。

一个传统企业要想成功转型微商,首先一定要培养自己的顶级微商思维。

从我辅导的大部分品牌案例中所总结出的经验教训看,一个微商品牌能否成功起盘与企业的实力几乎没有太大的关系。主要还是看这家企业的老板、操盘手有没有顶级的微商思维。

1.1 "不要脸"思维

微商时代,赚钱的第一秘诀是:"不要脸"。

当然这里所说的"不要脸"不是指生活中的不要脸,而是指一种顶级微商思维。

它指的是把自己的顾虑、担心、面子统统放到一边。

在微商时代,"不要脸"的人才会最有脸,"不要面子"的人才会最有面子!

以两个真实的故事为例。

我的一位传统企业朋友想转型微商，还没有正式开始，就发了一条朋友圈，大意是讲微商的一些好处。他几个朋友看到，就立刻私信他，要通过语音确认是不是他本人，还问一句："你的微信号是不是被别人盗用了？"

他向自己的朋友解释了一番，大家理解后，都表示出对他的支持。

相比之下，我曾经辅导的某品牌，几位股东的资源都很好，微信上也加满了好友。

他们下定决心起盘了一个微商品牌，但让他们发一条朋友圈，他们都觉得不好意思，最后的结果也可想而知了。

做微商这么久，我观察到一个现象，基本上，1985年以前出生的朋友，在思维方式上和85后就有很大的不同。

就拿发朋友圈来说，85前的朋友发朋友圈，总是担心自己原来的一些老友会把自己屏蔽甚至拉黑。

而85后朋友的思维出发点却是：我发朋友圈是发给那些喜欢我的人看的，你不喜欢我，那就拉黑我。我为什么要去在乎一个不喜欢我的人的感受？

这一点根本性的不同，就导致了差异非常大的结果。

我会跟品牌方老板或操盘手反复沟通一件事："你做好'不要脸'的准备了吗？如果没做好，那就趁早从微商行业撤退！"

想知道自己有没有掌握这种思维，可以从几件具体的事情上看出来：

1.你敢一天发若干条朋友圈，而不担心自己的老朋友把自己屏蔽。

2.你敢把自己的照片拍得像电影明星一样，并且勇于将这张照片作为头像，而不担心自己的老朋友认不出你。

3.你敢取一个容易记的微信昵称，比如晁天王，而不担心老朋友诧异的眼光。

4.你敢给自己设置一个非常厉害的定位，比如"微商顶层模式设计第一人"，而不担心老朋友们说你吹牛。

微商本质上也是一种二次创业，创业的人是"不要脸"的，"要脸"的结果是"要不到钱"。

1.2 好人思维

我在传统渠道做了很多年，后来才转型微商的，所以对传统企业和微商之间细小的差别感觉特别敏锐。

照常理来讲，成功的传统企业有一定的人才积累、品牌资源、资金扶持、人脉资源……条件是非常好的，可为什么转型做微商后，就是做不起来呢？

"差之毫厘，失之千里。"这句话相信大家都听说过。

传统企业与微商差的那一点"毫厘"是什么呢？

那点细小的区别就是：传统企业把人当"坏人"，微商把人当好人。

在传统企业的管理中，流传着一句经典的话：在一个好的制度下，一个坏人可以成为好人；在一个坏的制度下，一个好人也可以成为一个坏人。

所以，在传统的企业管理中，是先假定一个人是坏人，公司所制定的制度都是为了不让坏人有空子可钻。

"我相信你的人品，但我不能相信所有人都能像你一样。"这句话可能很多传统渠道的老板、总监、部门经理都对自己的下级讲过。

在这种思维方式的指导下，一些传统企业的行为就一点也不难理解了：上班要打卡；报销要票据，少了任何一个环节财务是不给报销的；收款要给收据；等等。

"微商让中国进入了一个好人社会。"这是我经常挂在嘴边的一句话。

微信互联网时代，中国现在有过十亿的微信用户。

微信号作为最常用的社交工具，每一个微信号后面都是一个活生生的人。

微商又是以有共同价值观为基础的社群组织，大家都是因为信你，才会跟着你。因此微商是以人为中心，而不是以货为中心。

我在跟一些传统渠道的老板们沟通时，往往就因为对这一点思维认知的不同感到哭笑不得。

比如微商里所做的非常有效的一个活动"负风险活动"，就是基于"好人思维"这一点。

所谓"负风险活动"，大概的方案是：

1.先假定一个人是好人，不会来故意占便宜，所以可以用较少的钱得到一个大礼包，里面包含了正品、礼品、体验装。

2.一个意向代理在拿到这个礼包之后，可以先试用体验装。如果对体验装不满意，就可以把正装产品退给公司，而把所有的礼品、体验装留下。公司就会把货款全款退给对方。

3.如果觉得满意，就可以补交剩余货款，正式成为代理。

这种手法对意向代理来讲，是真正的"负风险"。

但在实际与传统企业沟通的过程中，遇到最大的阻力就是企业管理者总在担心："万一这些代理都这么做，那公司岂不是要亏很多钱？"

微商是把人先当作好人，我们只赚君子钱，不赚小人钱。

1.3 想到就做思维

这是一个变化十分迅速的时代，迅速到什么程度呢？事物的更替基本上以三个月为单位，三个月前行之有效的做法，三个月后可能就已经没什么效果了。

"想到就做"比"想好就做"更重要,完成比完美更重要。

我们可以透过一个现象,研究一下这句话的本质。

试问,你的微信好友有多少个了?朋友圈你现在还看得过来吗?

一般人都是刷一下朋友圈,看到哪里就算哪里。除非是为了研究某一个行业大咖,我们才会花心思把某个人的朋友圈从头到尾全部看一遍。

大多数时候,我们都是"唰"的一声,就把别人的朋友圈看过去了。

看不到的就算了,那就不看了。下一个时间段再看微信朋友圈的时候,内容早已经"物是人非"了。

普通人的时间被分割得支离破碎,时间变得极度碎片化。所以在微信互联网时代,是"想到就做",而不能像以前传统渠道那样,必须"想好再做"。完成远比完美更重要。

再以我自己为例。

刚开始做微商的时候,我参加了一个培训课程。课程的最后有一个作业,是要根据这几天学的内容完成一份自己公司的项目报告。

那时的我深深地受传统思维影响,思前想后,不敢下笔,花了一晚上都没写出来,真正的原因其实我自己知道是不敢写。

第二天一上课,我就惊呆了,90后的朋友们踊跃上台。他们做报告,有的连PPT都没有,就手写了一页纸,用手机拍了张照片，就敢上台演讲。

可能这也是90后可以用一年时间，取得传统企业十年都未必能取得的业绩的原因。

一个人赛过一间公司！

别想太多，想到就做，小步试错，错了就改正，反正也没多少人注意到你。

一旦做对了，借助微信这个极具裂变性的工具，你就可能赚到梦寐以求的财富。

在咨询过程中，我发现传统企业特别容易犯两类错误：

1. 觉得微商特别难，要彻底了解清楚之后才开始动手。

2. 对微商的运营框架根本不了解，却自认为懂了，就投入大笔的资金开始做。

这两种做法在微商时代都是极其危险的。

先说第一点，在微商时代，你是等不到完美的那一刻的。

就像行业里经常说的一句话："微商是一项裸着身子跑步，一边跑一边穿衣服的运动；微商也是一项先开枪，然后瞄准的运动。"

而且，微商实在变化太快了。

行业内公认的一点是，微商一个月的发展相当于传统渠道一年的发展。

那传统企业怎么更加快速、安全地转型微商呢？

第一种方法，从底层做起。

自己先花点小钱试着做某个微商品牌的代理商，而且从最底层的代理做起。一步一步地按品牌方的要求去做，在这个过程中，学习、总结微商是怎么做的，而且要思考这背后的逻辑。

第二种方法，学习。

去参加各种培训班，特别是关于微商操盘手等以品牌方作为主要传播点的课程。授课的最好是有丰富实战经验，更重要的是有失败操盘经验的操盘手。

第三种方法，找顾问。

传统企业转型微商不要把全部希望寄托在所谓的营销策划或者是代运营公司身上。若无两手准备，容易满盘皆输。

想到就做，这四个字看似简单，做起来真的不容易，但是如果能做到，效果是非常好的。

1.4 逢人就说思维

我曾经在不同的场合分享过一个真实的故事。

我原来做传统渠道时，职位是总监。当时我手下有一个业务人员，常年奔波在外，家也照顾不了，一个月大概赚四五千元，到年底再加上奖金，一年下来也就赚五六万元。

前两年，我看到她在朋友圈发的广告，知道她在做某一个品牌的微商,而且级别还不低。根据我对这个微商品牌的了解,她大概一个月就可以赚上万元,换言之她现在一个月赚的钱就相当于原来一年时间赚的钱。

于是,我问她是怎么做的。这位朋友也很热心地跟我介绍了一些所谓的技巧,比如经常给微信好友点赞之类的,其实这些所谓的技巧在网上有很多。

真正引起我注意的是这位朋友下面的一段话:"我刚开始做微商的时候,因为产品品质很好,我也很有信心,于是我努力地向所有人介绍。我去买菜的时候也说,跟路边的杂货店老板也说,儿子都说我有点走火入魔了。"

我觉得这才是她做微商做得成功的真正原因,而不在于其他所谓的技巧。

触电会的创始人龚文祥老师也说过一个真实案例:一个做内衣的微商,在自己家的阳台上拉了一条横幅,向小区里每一个认识或不认识的人介绍自己的产品,可以说真正做到了"逢人就说"。

那"逢人就说"说什么内容呢?

微商里也总结出了五大类话题:讲品牌创始人故事、讲品牌故事、讲产品故事、讲团队故事和讲自己的故事。

1.4.1 讲品牌创始人故事

传统思维是:钱,物,人。

微商思维是：人，钱，物。

所以"微商以人为中心"不是一句空话，是真正可以转化变现的。

之所以先讲品牌创始人故事，是因为顾客对一个品牌很难产生产品感情，但对品牌创始人却可以。

记得以前看到过一句话：这个世界上没有"降价一元"所抵消不了的品牌忠诚度！

意思就是，假设有一位顾客是某衣服品牌的忠实粉丝，但如果对家品牌的衣服降价，这个顾客也会舍弃原先经常光顾的品牌，而选择对家品牌。

当然，这句话说得是有些夸张了，但是其中的道理是不容忽略的。

人们更容易对有温度的个人产生感情，所以一定要把品牌创始人的故事讲好。

怎么算精彩？

苹果、小米、罗辑思维等，都是把创始人的故事讲得非常好的品牌，大家可以搜索一下乔布斯、雷军、罗振宇等人的故事，然后向他们学习。

1.4.2 讲品牌故事

讲品牌故事，有几个要素：这个品牌是怎么样的一个品牌？有什么历史？有哪些过人之处？已经取得了哪些成就？未来的规划是怎样的？最重要的是这个品牌的定位是什么？

定位不但能满足消费者需求，更重要的是能避免竞争。

讲好品牌故事，就有了底气。

1.4.3 讲产品故事

传统渠道老板转型微商最喜欢讲的一句话就是：我的产品品质非常好！

在微商时代，产品品质已经变成了一个标配。如果你的产品不好，还是别做微商了。

产品好，还要有演示效果，你说好不算好，让顾客看到这种好才叫真正的好。

所以产品故事，就是讲我的产品如何好。但产品只是一个道具，重要的是这个产品可以解决顾客什么问题。

比如介绍面膜时，一定要说清楚有什么作用，是保湿、美白，还是祛斑？不能一味地说这款面膜是蚕丝的、有丰富的精华液……要知道，消费者根本不关心这些，他们更在意这款面膜能否改善自己的皮肤问题。

1.4.4 讲团队故事

微商以团队的形式存在，团队长在微商行业里会比品牌方更吃香，所以要把自己团队的故事讲好。

讲团队故事,也是塑造团队文化的一种方式。

团队故事可以包括团队长的经历、核心队员的经历以及整个团队的愿景、所获得的成就等。把团队故事讲好,不仅能提升消费者的信心,增加他们的购买欲望,还能增强团队成员的凝聚力,一举两得。

1.4.5 讲自己的故事

很多微商讲自己的故事,都是先说"我以前怎么样,是多么的没有希望",然后再说"自从做了这个以后,有哪些变化"。

套路虽老,却很有效!

微商代理有意识地搜集整理这五个方面的案例,讲好这五种故事,真正做到逢人就说,你离靠微商赚大钱的日子也就不远了。

1.5 个人IP思维

传统老板朋友们讲究"高调做事,低调做人";微商却不一样,讲究"高调做事,也高调做人"。

这也正是传统渠道老板们转型微商时,感觉非常不适应的一个原因。

微商有两种基本模式:直营模式、代理模式。直营微商模式可以说是把个人IP和朋友圈打造到了极致水平的。所以这里就以直营微商的个人IP塑造为例，来说明顶级微商思维的个人IP思维。

1.5.1 为什么要打造个人IP？

传统渠道因为是"以物为中心"，而微商渠道是"以人为中心"。这也就导致了微商与传统渠道很多做法都不同。

正是因为微商是"以人为中心"，所以微商一定要有"打造个人IP"的思维。

还是那句话：消费者是不会对你的品牌产生感情的，但消费者会对你的个人产生感情。

这个世界上没有降价不能改变的品牌忠诚度，如果有，那是你的降价力度不够大。

每一个微信号的背后都是一个活生生的人，而不是冰冷冷的物。做微商想要把产品销售出去，把代理商招募回来，就一定要打造个人IP。

1.5.2 什么叫好的个人IP？

从产品本身属性出发而设定的特定人物、形象、场景、故事情节等，就叫个人IP打造。

好的个人IP打造可以概括为一句话：让你的微信好友相信你。

你的个人IP打造要符合你的身份和人物形象，简单来说就是把你的理想形象呈现给大众，并且自己在日常生活的一言一行，都要尽量符合自己所打造出来的IP形象，唯有这样才能让别人信服。

1.5.3 怎么样打造个人IP？

微商主要是通过朋友圈来打造自己的个人IP。

这里不包括行业里所提出的"自明星"概念，主要是狭义地从朋友圈的角度来谈怎么打造个人IP。

1.了解微商本质和人性弱点、欲望。

微商本质上卖三样东西：赚钱欲望、产品和情感交流机会。

几乎人人都有对财富、对地位的欲望，以及对美好生活的向往。

所以打造个人IP也要从这几方面入手。

2.朋友圈文案内容定位。

微商人的朋友圈一定要充满正能量，而且要保持忙碌的状态。

基本的一些文案分类包括：

（1）日常生活：高端点、精致点，平常的生活也要做到庸而不俗。

（2）专业类：用提出问题、分析问题、解决问题的方法。

（3）互动类。

在微商代理模式下,不同身份的个人IP打造方法又是不同的。

比如操盘手、大的团队长、中级代理、底层代理打造个人IP的方法都有很大的区别。

品牌老板和操盘手,就不要怕刷屏,而其他级别的代理就要注意不能暴力刷屏,免得被人拉黑。

要打造个人IP最关键的点是:你要理解你所对应的每一个人,理解他们的痛苦、他们的欢喜、他们的视野。设身处地为你的粉丝们想一想,他们到底需要什么,你只有将自己放在粉丝的位置,才能懂得他们的需求。

做微商,是先做人,再卖货。而不是先卖货,再做人。

你所有努力做的事情,都是让粉丝喜欢你,粉丝喜欢你才会买你的东西。

做一个优秀的人物,最成功的地方,就是能叫别人去看你过去的朋友圈,对你产生浓厚的兴趣。假如有人对你过去的朋友圈内容点赞,说明你的朋友圈打造得非常成功了。

1.6 敢卖敢写敢讲思维

只要你敢卖,就有人敢买;只要你敢写,就有人敢看;只要你敢讲,就有人敢听。

上面这三句话在微商时代,关系着能否做好微商,特别是

对于从传统渠道转型微商的企业家和操盘手们更为重要。

因为微商的本质是卖三样东西：机会、产品、情感，而在这三样东西中，机会是最重要的一个考量要素。

微商的前五年是把发财的希望卖给了广大的宝妈，现在开始是把转型移动互联网的机会卖给广大的实体店老板。

既然是卖"机会"，那一个微商人的自信心就非常重要了。

只要你深刻领悟到上面三句话背后的顶级微商思维，做起微商来，你就会觉得如鱼得水。

1.6.1 只要你敢卖，就有人敢买

做微商也好，做其他行业也好，很多人赚不到钱，不是能力问题，而是心态问题——大部分人总觉得自己知道的东西没什么价值。

而实际上，我们每个人之所以能赚钱，绝大部分原因是利用了信息的不对称，就是你所知道的，别人不知道。

顺着这个思路想下去，你就知道你可以提供很多价值给别人。我们生活在这个世界这么多年了，肯定会有很多你知道而别人不知道的事情，这些通通可以用来赚钱。

每天想想：自己有哪些价值可以提供给别人？

注意这里的"别人"，不是所有人，只是指一部分认可你价值的人。

学校里，要门门功课优秀才算是优秀，而在做生意、赚钱这方面，你只要有一项可以为别人带来价值的特长，再将这个特长发挥到极致，你就可以赚钱了。

1.6.2 只要你敢写，就有人敢看

写不是为了写小说，它主要有两个目的：

1.自我总结整理：每天要静心想一想收获、得失，绝大多数人都不会每天总结，你总结了，你就会比其他人每天进步一点点，日积月累，价值巨大。

2.社交工具：写不同于玩直播、玩语音，它是可以有积累效应的。别人可以通过你的文章来了解你，省去了很多沟通交流的障碍。

当然随着各种工具的出现，视频的力量也越来越大，但我还是认为写文章的威力巨大。

1.6.3 只要你敢讲，就有人敢听

只要你有要求，就一定会有结果；只要你敢分享，就有人会因你而来。

哪怕你的普通话再烂，讲得再语无伦次。

我听过所谓的万人团队创始人的知识分享。这位创始人在某天晚上，给大家分享怎么处理手头上的存货的技能。

对方一会儿抒情，一会儿激昂，一会儿"打鸡血"，一会儿娓娓道来。更有意思的是，两段文章中，可以明显听得出来是有重复的。

我除了佩服这位创始人的勇气，以及他整合文章的"能力"之外，几乎说不出什么话来。

但这一点恰恰是现在很多微商做得好的共通点：敢说！

换个角度想，这位创始人都能凭一张嘴说动那么多人，你一定也可以。

只要你敢说，就会影响更多的人，就会实现在微信群里一对多的成交。

1.7 竖屏思维

陈柱子老师写过一本书《竖屏思维》，可以说是现在微商美工的必备案头参考书。

微商时代，人们几乎都是在手机上完成娱乐、购物等活动，已经很少用到电脑了。

所以在做美工设计的时候，一定要考虑到消费者是在手机上看的。

对于怎么做手机上看的图片，有兴趣的朋友可以参阅《竖屏思维》这本书。

微商时代"竖屏思维"的心法是：

1.一眼看得见。

2.一秒看得懂。

也就是所谓的眼球经济，因为信息高度丰富，如果你设计的东西让消费者一眼看不见，一秒看不懂，那可能这个消费者这辈子就不会看见，也不会看懂了。

理解了这个思维，传统企业在转型微商时就可以做到快步前进了。

而且，微商时代的试错成本前所未有的低。

我在给很多想转型做微商的传统企业做咨询时，很多企业老板都"如临大敌"，对每一个细小的差错都显得高度紧张。

其实完全没有必要，微商的成本相较于其他行业更低。

微商时代的试错成本低到就是发一个朋友圈的事，就算错了，损失也不大。我们就要抱着勇于试错的心态去做微商。

1.8 长板思维

在做企业管理时，我们都学过一个理论：木桶短板理论。

意思是一个木桶所能装的水是由最短的那块木板决定的，这个理论可能已经深入人心了。

我们上学时一定要门门功课都考90分以上才能算优秀，如果哪门功课不及格，简直觉得天都要塌下来了。

但在微商时代，这个理论是错误的，或者说至少不完全准确。微商时代，一个企业也好，个人也好，只需要把自己的优势发挥出来就可以了，这就是长板理论。

比如利用微信赚钱的步骤一般来讲有以下四步：

1.吸粉。

2.信任。

3.成交。

4.裂变。

其中第一步怎么在短时间内吸到大量的粉丝是基础，做微商至少要有两个加满人的微信号。

如果你能写，就通过写文章吸粉，像我自己就是。

如果你能说，就通过千聊、荔枝微课等吸粉。

如果你能拍视频，就可以通过抖音等视频来吸粉。

如果你有一些才艺，那就通过视频直播软件来吸粉……

总之，把你自己的长处最大程度地发挥出来，就可以借助"1000个铁杆粉丝理论"过上体面的生活了。

1.9 骄傲"务虚"思维

传统思维中一直教导我们：踏实做人，做了再说，一定要低调。谦虚使人进步，骄傲使人落后。

如果用这种思维来做微商，成功的可能性很小。

我常跟品牌方的老板或操盘手讲一句话："如果你自己没信心，你怎么指望代理有信心跟着你工作呢？"

微商时代：谦虚使人退步，骄傲使人进步！没成名前不要谦虚。

所以做微商要骄傲，至少要表现得骄傲，不能像传统思维那样，当别人夸赞你的时候，你还要说："哪里哪里。"

只有敢表现自己，别人才能注意到你，才能被你影响，接受你的观点，成为你的粉丝。

1.10 "没良心"思维

微商时代，人们通过微信这个工具，特别是微信群这个极具裂变力的阵地，一夜之间可以认识很多新朋友。

如果一个人所处的圈子一直没有变化，那也说明这个人没有取得什么进步。

有一次我发了一个朋友圈，大意是：在河南一个洗发水的品牌，已经实现了销售额过亿。

原来的一个公司同事在下面留言说：胡说，你说的是哪个品牌？

我毫不犹豫地把这个人拉黑了，因为大家已经不同频了。

在他的眼中，一个省级品牌一年能回款几十万元已经很不错了，能回款100多万元已经是烧高香了，回款几亿元在他眼中简直是天方夜谭了。

所以微商时代，有些老友是让你退步的，要想进步发展，一定要"没良心"，多结识新朋友。

第2步

确定微商公司架构

传统企业转型微商,除了要关注选品、模式等常见的问题,还要着重关心一下微商公司的架构。

传统公司要转型微商,可以用两种方法去组建部门架构:

1.成立微商事业部。

2.成立独立的公司。

中国的市场太大、太复杂,所以开发中国的市场,一定要先确立渠道。

一般来说,中国市场的渠道划分可以分为:

1.百货精品渠道。

2.KA(重点客户)商超渠道。

3.商超包场渠道。

4.CS渠道(以客户服务为中心的销售渠道)。

5.专业院线渠道。

6.流通渠道。

7.OTC渠道(直接面对消费者的销售渠道)。

8.电商渠道。

9.微商渠道。

即使是同一个产品,也要针对不同的渠道来组建不同的销售部门。

企业可以根据不同的发展情况,来决定采用哪种方式组建微商渠道的销售公司。

但不管哪种方式,有一点是要特别强调的,就是微商的办公地点、人员尽量和公司原有部门、人员分开。

一个做微商战略顾问的微商公司操盘手告诉我:"我上个月把一个文案辞退了。原因不是她能力不行,而是她的上下班时间太准时了,和整个团队的气氛不协调。"

微商里有一句话:凌晨两点前睡觉的微商不是好微商。

由于微商要求运营总部要有特别快的反应,所以微商的运营人员基本上都不是严格按照时间表上下班的,而是一直保持着有事要做的状态。

如果微商运营人员与公司原有的其他部门人员一起办公，很容易会出现心理上的不平衡：凭什么他们都可以按时下班，我们却要加班？

这些听起来可能不合理，但这些就是微商公司的特点。

如果采用独立的微商公司，还要注意一点，就是要预留出将来微商团队长的股份。

对于已经做大的微商团队，他们总会想要自己出产品，或者经受不住其他品牌方老板的诱惑想要转品牌。

这个时候，就要狠狠地分名分利了。

再告诉刚转型微商的传统渠道老板一个小小的行业秘密：千万别带你的代理去出席所谓的行业聚会，你让他们踏踏实实地卖货就行。

因为微商的团队长是每一个品牌方老板都想挖的稀缺资源。曾经出现过品牌方给团队长开的条件是：你到我这里来，你在那边一个月赚多少钱，我先给你三个月的。

在这么大的诱惑面前，品牌方成立微商公司之前就要预留将来"狠狠地分名分利"的股份。

曾经有一个五万人团队的负责人找我给他介绍品牌，开出的条件是：

1.现金百万元。

2.占有股份分红。

3.做保健品。

4.有懂微商行业的操盘手，公司有长远规划。

我在朋友圈发了这个之后，有传统企业的负责人找我，让我帮忙介绍，我把这个条件说了以后，那个人就说："这肯定是个骗子。"

我也直言不讳地告诉他："看来你对微商还不了解。"

这种条件是一般传统企业的人都接受不了的，但微商人就很熟悉这种套路。

第**3**步

确定微商操盘手

我接触了很多想转型做微商的传统老板，总结出他们最喜欢问的三个问题：

1.有没有操盘手介绍？

2.有没有微商团队介绍？

3.我要做微商要投入多少钱？

一开始我还会询问找我咨询的传统企业老板们有什么疑问。后来因为问的人太多了，干脆就不问了，毕竟问来问去都是这些问题。

首先，为什么传统渠道老板喜欢问这些问题呢？

其实，这些问题也是我刚开始转型做微商时，经常问别人的问题。

因为对如何做微商不了解，总觉得微商是很"高大上"的东西。

当你对微商深度了解以后，就会明白这三个问题是多么的可笑。

3.1 有没有操盘手介绍?

答案是：没有。

我可以非常肯定地告诉各位，优秀的微商操盘手几乎是找不到的。

在没有找到合适的操盘手之前，操盘手的来源有两个：

1. 老板自己亲自担任。

2. 找一个品牌方信得过的年轻人，思维一定要活跃，同时老板也要充分放权，特别强调两个字："充分"。

微商是一个发展极为迅速的渠道，所以现在人才的积累还没有到充裕的地步。

3.2 有没有微商团队介绍?

答案是:传统渠道企业转型微商,就先死了和团队合作这条心!

理由?如果非得问我一个理由的话,那就是条件不对等。

经常有品牌方要我介绍团队,也经常有团队方希望我介绍品牌。

我的做法是:不了解的品牌绝对不随便介绍。

因为团队长的要求都很高,即使把团队介绍给品牌方,品牌方也未必能谈得下来。

所以对于绝大多数传统企业转型微商起盘,还是要立足于自身的资源,先找到100个核心、活跃的种子代理,再运用各种办法让代理形成裂变。

当然,凡事没有绝对,假如你的投入足够大,比如先投放几百万元进行网络引流和品牌占位。但是又有几个品牌能做到这样?

3.3 做微商要投入多少钱？

答案是：从零到数千万元不等。

问这个问题的传统渠道老板其实还是从传统思维出发。实体企业刚开始一定要准备足够的资金，比如你开一家美容院，付租金，装修，请员工，进设备等，没有几十万元、上百万元是不行的。

再强调一遍。

传统思维是：钱、物、人。

微商思维是：人、钱、钱。

充分理解了这两者的细小差别，也就明白微商应该要怎么做了。

我在不同的场合反复说过，微商的本质有两个：

1.微商本质上是一个渠道。

2.微商本质上是充分利用自己的"人脉"资源。

如果你有了人脉资源，就可以不花一分钱就起盘。

所以微商起盘不是要花多少钱才能起盘，而是你根据自己的资源愿意拿出多少钱来起盘：几十万元不嫌少，几百万元、上千万元也不嫌多。

3.3.1 思维转变问题

传统渠道的公司能否把微商做得成功,跟你有多少资源没有太大的关系。

曾经找我咨询的一家公司,我帮他们盘点了一下资源,可以说非常好。

我帮他们做了一下梳理。

资源一:他们做电商超过10年,有近80万名的用户数量。

资源二:他们有十几处游乐场。

资源三:他们在全国有几十家母婴直营店。

资源四:他们全国有100多个线下渠道代理商,借助这些代理商覆盖了几百家,甚至上千家的实体母婴店渠道。

他们准备做什么产品呢?纸尿裤、婴童洗护等产品。

资源可以说匹配得非常到位。但为什么没有一开始就做微商呢?

无非是看不到、看不起、看不懂这三个阶段。

对传统渠道的公司和老板们而言,转型微商最大的问题就是思维问题。

我的好朋友肖盟主说:"微商一开始,连评判对错的标准都没有。转型微商最开始面临的问题就是操盘手和团队长。每一个成功的微商品牌都是不可复制的,每个初创品牌都必须通过实践摸索出属于自己的成功方向。"

3.3.2 不要指望雪中送炭

如果一个微商品牌方要走100步，那么自己要先走完前面的99步，才会有其他团队加入，一起走完最后的这1步。

所以这里我给传统老板的建议：

1.先参与进来。

2.不要想走捷径。

3.放开心态，不要想着像传统企业那样要求一分投入，就要有一分收获。

3.4 优秀微商操盘手的五大特点

特点1：一般是个男的。

这主要是因为男生比女生的抗压能力更强。

操盘手不仅要面对来自股东或是老板的压力，还要面对众多代理团队的压力，中间还要面对公司运营的协调管理、物流、财务、培训的压力等，任何一个环节都不能出现问题。

特点2：行动力强。

微商渠道的特点就是"完成胜于完美"，想到就要做，错了再修正，才有可能做好微商。

磨磨蹭蹭的做不好微商,一笔费用要几个人签字才能报销的基本上可以断定做不好微商。

特点3:对微商行业整体趋势有清晰的判断。

这里指的是能及时吸收微商行业的信息,而不是照搬前两年的经验,微商一个月顶得上传统渠道一年的发展。

特点4:有自媒体方面的人脉资源。

自媒体在微信互联网时代愈加重要,通过微信,可以帮助品牌方造势。

比如可以一天之间把录制好的自媒体大咖们的祝福语传遍整个朋友圈。

有了自媒体方面的资源,才能迅速了解微商趋势,迅速找自媒体大咖来"背书",取得代理的信任。

特点5:有一定的代理团队方面的人脉资源。

在起盘之前,如果有代理团队方面的一些人脉资源,再加上自己的品牌、产品力、投入,有吸引代理的地方,就有可能在起盘之前获得一些利润。

这在微商行业里并不奇怪,但代理团队方面的资源是需要用钱和时间来积累的。

同时满足以上条件的操盘手可谓凤毛麟角,如果真的有,也绝不会仅仅满足于拿你的工资,一定会和你谈合作分成。

3.5 如何找到优秀操盘手

这里有两种途径，可以根据品牌方的资源来定：

1.老板既是投资人，也是操盘手。

这种方式相对比较简单，老板只要努力学就行，花的钱都是自己的。

2.找一个品德信得过的年轻人来做操盘手，让他学，给他一个宽松的环境。

3.6 为何传统企业实力
越强越不容易做好微商？

原因主要有四点：

1.对"操盘手"定义的理解不同。

几乎所有来找我咨询的传统企业老板们都会问同一个问题："有操盘手介绍吗？"

我也经常性地反问："你是想找操盘手呢，还是想找一个操盘助理？"

在微商行业里，没有绝对财务支配权的操盘手，那不叫操盘手，那最多叫操盘助理。

从这点上来讲，微商是真正的"老板工程"。

微商有一句玩笑话：微商里没有什么难题是一个红包解决不了的，如果有，那就发两个红包，如果还有，那就发上万元的红包。

红包开路，是微商的特点之一。

传统渠道老板刚转型微商最不习惯的有两件事：发红包和不让打广告。他们经常会习惯性地问："我的钱为什么要发红包？我花了钱进一个社群为什么不让我打广告？"

发了红包，在传统企业里是报销不了的，因为没有票据。

2.思维方式根本性的不同。

传统企业是先把人当"坏人"，微商是先把人当"好人"。

前面也提到，传统企业几乎所有的规章制度都是以员工是坏人为前提的，后续添加的规定都是为了堵住管理上的漏洞。

传统企业往往是发现一个漏洞，就出台一个规定，再发现一个漏洞，就又出台一个新的规定。

长期下来，规定越来越多。只是出差报销就有详细的规定，一个不留神，出差还要自己贴钱。

这种企业即便请了操盘手，实际上也只是操盘助理，根本做不好微商。

我经常分享的一句话：微商让中国进入了好人社会。

在没有见过面的情况下，微商行业里发生了过亿元的资金往来，这在微商出现之前是不可想象的。

所以，人好、货真、价实这三个前提是做好微商的根本。

但在传统企业里，公司有各种规章制度，而且规模越大、实力越强的公司规章制度越多，每个部门的员工都得照章办事，你急也没用。

这也正是微商行业里流传的一句话：如果一家公司，报销一笔费用要几个人签字，那基本上就可以断定这家公司做不好微商了。

3.面对代理人群的不同。

不管是传统企业，还是微商公司，最重要的工作就是招商。

只有招商，有回款，才能谈接下来的所有工作。

传统企业所要面临的招商对象本来就是小老板，比如代理商、零售店主等。

但微商所面临的代理人群却是宝妈、在校大学生、上班一族等。

这三大类占了微商群体的绝大多数，而他们的目的是改善自己的收入，能够在兼顾自己家庭、学业的同时再多赚些钱。

所以他们的素质和传统渠道的招商对象不同。

也正因如此，在微商渠道招商几个大的方法中，从自己的人脉资源做起这个方法，是绝大多数微商公司起盘时的做法。

如果是个人创业，肯定会把自己身边所有的资源都用上，把潜力最大程度地发挥出来。

但如果是在公司打工，做一个所谓的"操盘手"，实际上却是"操盘助理"，一般来讲，做操盘手的人不会把自己的人脉资源贡献出来，而是希望公司能够投入更多资源。

这两种情况，项目成功的可能性哪个更大可想而知。

4.微商行业的特点不同。

微商是一个"想到就做"的行业，而传统企业是一个"想好了再做"的行业。

微商是一项"光着身子出门，一边穿衣服，一边跑步"的运动。所以传统企业的老板可能会说："我也想花钱啊，你给我个计划吧。"

微商的变化基本上是以三个月为一个周期，速度之快让人瞠目结舌。

包括原来做微商赚到钱的那部分人，很多也只是抓住了那个时间点的渠道红利，如果现在再按原来的做法去做，已经行不通了。

也正因如此，一个微商操盘手在面对快速变化的环境时，要么提不出方案，要么提出的方案已经过时了。如果这间公司的费用还需要层层审批，生存条件就更为艰难。

所以，现在的微商一定要和实体相结合，对绝大多数的企业而言，现在新起盘的微商，如果没有跟实体相结合的话，是非常难做的。

除非，你已经有了雄厚的团队基础。

在传统渠道里，我们经常讲：这是一个一把手工程。

而在微商渠道里，一把手工程都不行了。

微商是一个老板工程。

当然，这里的老板，也有可能是操盘手。注意，这里的操盘手是真正意义上的操盘手，而不是操盘助理。

在传统渠道里，就算你的反应不是那么迅速，也有可能取得胜利，而在微商渠道里面，如果你的反应是很迟钝的，那几乎没有什么胜算。

3.7 为什么说
微商操盘手错了也要执行？

不管是哪种来源的操盘手，都需要"独裁"，微商操盘手的决定，哪怕错了也要执行。

这句话可能有人不同意，那容我解释一下。

这是由微商操盘手的特点所决定的。

微商是需要"独裁"的，从这点上来讲，操盘手的任何决定，都要去执行，不管你认为它是对还是错。

更何况操盘手的对与错，可能只是你的看法。

究竟是对是错，没有人能够准确地判断出来，尤其是在微商变化这么迅速的情况下。

因为微商是一项光着身子出门，一边穿衣服，一边跑步的运动。

有一位朋友说得更加形象一点：微商是一项先开枪，后瞄准的运动。

所以是对是错，没有人能够分得清楚，有可能你觉得是错的，但随着形势变化发展，到后来这个决策可能就是对的。

微商渠道的特点决定了要想在微商里面取得成功，品牌方总部的反应速度一定要非常快，在这个前提下才能谈其他。

微商与传统渠道很大的区别在于：传统渠道经常是想好了再做，但等你真的想好了，微商的时机就已经全部过去了。

当然微商操盘手要真正发挥作用，提前要确定一个预算。

我会问来访的朋友："你这个项目准备投入多少资金？"

对方说没有上限，但是这样来讲，可能太模糊了。

不管自己公司的资金实力如何，一定要先确定准备投入多少资金。在这个投入范围之内，就由操盘手去规划，而不是横加干涉。

因为微商渠道是新兴的一个渠道，相对于传统渠道而言，有很多认识上的误解。

再加上，前两年那是属于微商的一个非正常时期，也出现了很多所谓的经验总结。但这个经验是非正常状态下的总结，有些根本不符合生意规律。

第 **4** 步

确定微商模式

确定微商公司的架构和操盘手之后，就要根据自己的实际情况确定到底要采用哪种微商模式。

刚转型微商的传统企业对微商的模式是不太清楚的。

现在的微商基本模式有两种：

1.微商直营模式。

2.微商代理模式。

这两种模式是最基本的模式。在这两种基本模式的基础上，又延伸出了：

1. 用直营的方式招代理模式。

2. 用招代理的方式做直营两种模式。

至于采用哪种模式，引用我的好友盟主肖鉴峰的一段话：

"中国影响力最大的微商论坛龚文祥811论坛，只讨论代理制微商，我和很多人也说过，接下来的微商主流仍然是代理微商。平台微商再火，能参与的玩家毕竟有限。无数传统企业进军微商首选一定是代理微商，因为简单容易操作而且更接近传统代理制度。"

也就是说，微商代理模式是中国绝大多数中小微企业起盘微商时的首选模式。

这节就简单介绍一下微商直营模式。

微商直营具体要点如下。

4.1 关于选品
要提供超越客户期望值的产品

不管是直营模式，还是代理模式，要想做得好，都要提供超越客户期望值的产品。

比如某微商化妆品品牌，就把零售价降低，把产品成本升高，做到了物超所值。

而且在动销做法上，也是把体验装用到极致，99元可以买到一大包效果非常好的体验装,这99元几乎只是产品的工业成本再加上运费,从公司到代理商,都不能从中赚钱。

顾客用了体验装,就能感受到这个产品质量到底如何,继而产生复购的念头。

直营模式也是一样,要想做好,得提供让客户满意的产品。

还有,不要做风险大的产品。

微商直营模式之所以有风险,是因为一些做直营模式的人做了一些风险大的产品。比如男性用品等,因为这里面含有一些诱导成分,极易被定性为诈骗。

4.2 痛点类产品和爽点类产品

丰胸、减肥类产品都属于痛点类产品,而奢侈品、茶叶等产品就是客户喜欢的产品,属于爽点类产品。

对于大多数直营的团队来说,我建议先从痛点类产品开始,爽点类的产品要求会更高,特别是对团队管理的要求,这是很多人看不到的。

痛点类产品,因为客户基数大,痛点都相对一致,所以成交起来更加容易,引流起来更精准。

而喜好类的产品,因为客户喜好有所不同,成交难度会比较大。这就是为什么茶叶小妹一定要做人设,打造IP的原因,所以，我建议初级阶段先做好痛点类产品。

痛点类产品借力的方式有几个要点：

1.看产品在市场的差异化。

2.看产品的广告投放炒作力度。

3.看产品利润。

4.看当前市场有哪些渠道产品还比较空白。

4.3 借力产品与引导流量的思路

比如某款产品，现在加大了广告投放，我觉得产品不错，效果好有复购，而且利润好，这个时候我拿下这款产品的货源。

经过市场观察后发现，很少有代理做网站、淘宝店以及关于产品的长尾布局，于是我就可以做以下几个动作：

1.制作销售型网站或者引导加微信，开通所有推广渠道，投放相关的品牌词、长尾词、同类词、痛点词，上线后可以马上获得客户与成交。

2.购买批量公众号，7～10天时间刷成公众号群、矩阵，免费获得流量。

3.上线淘宝店群，通过标题打造、落地页打造、有规律的刷单，引导淘宝流量。

4.布局长尾词,安排推广团队做免费霸屏,获得精准流量。

5.投放信息流广告,进一步放大相对精确的客户与流量。

这一套组合做下来,这个代理可能比总部出货还多(直营出货)。

这样做的前提是,体验过产品,品牌方在投广告时才觉得值得。所以时机很重要。

4.4 直营团队起步的四大能力

1.必须有广告投放能力。

2.有精准流量引流能力。

3.打造朋友圈成交能力。

4.把每个客户纳入数据库跟进,引导客户复购的能力。

所以产品+广告投放+免费流量+成交手+引导复购是直营小团队的必备技能。

4.5 直营微商的运营团队设置

1.推广部。

直营微商做的是零售,相对于代理模式的微商苦恼流量不知从哪儿来，直营微商最大的优势就是自建流量池，所以直营微商运营团队中，推广部是重中之重。

推广部的组建原则就是：专业的人做专业的事。

做流量有两种方法：第一种是自己组建投放团队；在选择团队成员时，尽量找那些懂得推广、信息流、派单的人。第二种是花钱买流量。

流量分为精准流量和泛流量，流量的精准与否与你的产品或服务的属性有关。

相对于其他产品是精准的流量，对你而言可能就是泛流量，当然反之亦然。

精准流量的投放。单一渠道的品类不同，投放的效果当然也不同，比如投放男科的渠道，你去投放护肤品，效果就可能非常不好。

泛流量来源原则就是，有人的地方就有流量。

像早期的QQ、陌陌、探探等，现在的小视频、网红、小插件等，尤其是快手、抖音，如果一个小视频做得吸引人，就可以吸引大量的粉丝。

在培训界有一句话：不付费，学不会。这句话用在引流上也是对的。

免费的才是最贵的，付费的才最便宜！

付费引流能帮助公司较快成长。但付费引流是需要一个试错过程的，要允许流量投放团队犯错误，这类工作是一项技术活,需要时间的沉淀,人员的成长也需要过程,在这个过程中,会有公司坚持不下去。而泛流量的引流和转化都比较慢。

2.内容制作部。

你有没有以下的经历:

莫名其妙地有美女加你,加了你微信以后也不打情骂俏,就是正常地有一搭没一搭地聊一下天。

你看她的朋友圈,今天晒她家庭如何优越,明天晒她去孤儿院看望孤儿,后天又晒她的工作场所如何高大上,双休日还去了敬老院,给老人们带去了礼物等。

朋友圈晒的素材充分用了文字、图片、声音、视频等几种方式,如果单从朋友圈来看,你几乎找不到任何的问题。

但我要非常负责地告诉你:有可能加你微信的这位美女所晒的各种素材,就是直营微商一个部门的若干名员工做出来的东西。

换言之,这可能是骗你的。

这就要说到直营微商模式当中另一个重要的部门:内容制作部了。

大致包括:策划、文案、美工、视频制作等团队。

制作的内容最终目的就是个人IP的打造。

工作内容包括但不限于以下内容:朋友圈内容、短视频制作(发布在快手等短视频App的上面)、网红直播、广告投放落地页的制作和销售反馈制等各个方面。

至于需要多少人手就要依据你的生意状况而定,直营微商模式做得大的公司,仅是视频制作团队就有300多人。

从这一点你也可以推测出直营微商的生意有多大了!

3.销售部。

微信互联网时代要赚钱的四大板块:远加(吸粉)、近交(信任)、成交(发圈、混群、群发、私聊)、裂变。

推广部也好,内容制作部也好,就是为了解决引流、信任这两大板块的内容。

但最终能否成交就要靠销售部了,至于裂变,因为是做直营微商板块的,所以也无法裂变。

销售部又可以分为:前端销售部(工作就是成交客户)和后端销售部(解决售后和复购问题)。

怎么成交客户又是另外一个专题。

直营微商的销售人员因为是做零售,所以利润率是相当高的,给销售人员的提成也相当高。

4.培训部。

直营模式的微商公司,员工每天都是对着一部手机,所以培训部的工作相当重要。

具体的培训有:学习企业文化、熟悉专业知识和掌握销售技巧等。

目的都是提升员工的积极性，提升销售转化率以及公司的流水。

5.生产和物流部。

最好能有一位专门负责产品的人员，要求懂产品、了解供应链。

只有解决了后顾之忧才能放心向前冲锋。

第 **5** 步

确定微商渠道产品

先举两个我咨询过的案例。

案例1：我收了对方的咨询费后又把钱退给了对方。

原因是我评估了对方的人脉资源后，因为他们所选的产品与他们的人脉资源根本不相吻合，于是我就给对方提了一些建议。但由于种种具体情况，对方不能接受。

于是我就把咨询费退给了对方。

赚钱要赚个心安。虽然没有合作，但现在我们也成了很好的朋友。

案例2：我断然否定了一家公司的产品。

一家来找我咨询的公司要做微商,所选的产品是从国外进口的。因为一生产就是一批,折算为人民币要上百万元。

这种生意绝不能做。

在过往,企业思考的正三角是"产品、营销、管理",所以一般来讲,传统企业的企业家们都是产品专家,所以想做微商渠道,是有了自认为非常好的产品,才会有信心去做微商。

在不同的微商培训中,经常会听到适合做微商的产品符合怎样的特点,比如要符合所谓"新、奇、特、利润空间高"等特点。

还有,所谓做代理模式的产品要至少符合1:5的比例,即产品成本和零售价之间要有五倍的空间。

所以我经常会听到一个问题:"您看我这个产品适合做微商吗?"

我要说的是:"回归到微商的本质。"

微商只是一个渠道,只不过利用了微信这一个极具裂变力的工具而已。既然是一个渠道,可以卖利润丰厚的产品,也可以卖利润薄的产品。

微商选品是一个"伪命题"。

几乎所有的产品,只要可以在线下交易的,哪怕你是培训课程,都可以用来做微商。

当然,在代理模式中,因为中间等级多,必须有充足的利润空间才能让代理商有意愿来推销你的产品,所以一般来讲,从生产成本到零售价要满足1:5的比例要求。

注意,我这里说的是"一般来讲",并不是绝对的。

就像是线下的大流通市场一样，只要这个产品货真价实，有市场，哪怕是批发商只赚一些微薄的利润也愿意去推，微商也是如此。

现在大件的没有得到复购的产品，像家用红外理疗桑拿房要几万元一台，家用净水器和家用空气净化器都要几千元一台，采用微商代理模式去做，也照样做得风生水起。

一些真正的快消品，像蛋糕、冰激凌也可以采用微商代理模式去做。

当然，微商因为有其渠道特殊性，如果能满足一些特点，推广起来相对会更加容易。

微商产品怎么选的问题，我有一个最简单的方式。

留意国外的产品，比如国外新出了黄金美容仪，这个产品最先是在日本发售，你发现日本这个产品最近挺火，国内很少人做，那么就值得包装一下。

美国、日本、韩国这些国家，关于痛点型的产品开始火了，国内竞争少，那么我们马上就可以在获得授权后对这类产品进行包装，在国内找OEM厂家即可。

另外微商的爆发性也特别强，对于OEM厂家，如果条件许可，最好同时找几家，每家都打样，这样一旦产品爆发，就可以迅速生产。

微商团队因为都是通过微信联系，如果长时间拿不到货，可能就会迅速转向其他产品的销售。

第 **6** 步

微商品牌的品牌定位、战略

微商作为一个全新的渠道发展已经有五年多的时间,其背后的运行规律和传统渠道的运行规律几乎是一致的,只不过因为用了微信这个工具,裂变和爆发速度更快而已。

传统正向思维是考虑"产品、品牌、管理"这三个所谓的铁三角,但一个行业有所谓的"暴利时期、微利时期、无利时期",现在应该考虑新的金三角,"模式、融资、招商"。

产品、品牌、管理已经是一个企业的标配了,所以微商渠道品牌和传统渠道品牌也一样,应该让这三个方面的工作变成常识。

虽然是常识,但因为渠道不同,所以微商品牌有一些专属特点。

6.1 微商品牌定位

微商品牌定位的本质不是满足需求，而是应对竞争。

微商品牌要想竞争成功，不是"更好"能赢，而是"不同"能赢。

所以，打造微商品牌要与众不同，要出乎客户的意料之外，官方说法叫：寻找差异化。

比如微信针对熟人社交，陌陌针对陌生人社交，所以陌陌胜出了。

再比如《中国好声音》和《我是歌手》的区别：

《中国好声音》针对的是素人，而《我是歌手》针对的是什么？明星。

同样是一场歌唱类的节目，定位就不同，只有定位不同，才有可能赢得竞争。

同样的，微商品牌也要考虑到微商渠道上的同类品牌，要找准自己的定位。

6.2 微商品牌战略

有效品牌战略的来源：

第一步，到前线去，在前线认真观察哪些是有效的战术。

第二步，综合前线的情况，形成品牌的战略定位。

第三步，回到总部，围绕品牌的战略定位来进行各种资源的合理配置。这就形成了品牌的战略。

第四步，是执行的问题，只有具备正确有效的战略，执行才能真正起到作用。

评判该战略是否有效的标准：是否简单、清晰、易懂。

如果一个品牌战略还要跟渠道商、消费者解释我们的品牌是怎么回事，那一定是无用的。

微商品牌战略也是一样，有了微商品牌定位，要围绕品牌的战略定位进行各种资源的合理配置。

微商又是以人为中心了，每家品牌的创始团队、代理团队的人脉资源不同，也就决定了微商做法不同。

比如我辅导的某护肤品微商品牌，发觉他们去年有一个月进代理的数量猛增，一个月就新进高级别代理300多名，我就反复地沟通，弄清楚他们是怎么做的。

微商的运营当中有引流和动销两大板块工作。

当时他们不自觉地用一款礼盒做了引流的工作，于是那个月新进高级别代理的数量比平常高了几倍。

那我就帮助他们梳理了下一个季度的运营战略方案，就是设计出类似的引流方案，认真地去执行，效果自然就会显现。

第 **7** 步

微商顶层代理连赢模式设计

我的观点是：微商只是一个渠道。

所以前面6步，不管你是做微商渠道也好，做其他渠道也好，基本上都是要做的，只不过微商渠道有略微的不同而已。

但到了第7步，微商渠道和其他渠道的做法就非常不同了。

这一步也恰恰是许多或者说几乎所有的刚刚转型微商的传统企业，感到最困惑的。

你可能找了很多的价目表，这些价目表可能包括你竞争对手的，或者是其他品类的。

但是，你不知道背后的奥秘。

如果你连顶层代理模式都设计不好，那么更谈不上下一步怎么样去做微商了。

我们要设计一个适合自己的顶层代理模式，要考虑以下几个方面：

第一部分，一个心法。

第二部分，两点本质。

第三部分，三个前提。

第四部分，四个阶段。

第五部分，五个分配等级。

第六部分，十个要素。

第七部分，微商与实体相结合。

按照这个框架，一步一步地去做，再结合自己的实际情况，融会贯通，就可以设计出适合自己的一个顶层代理模式。

而这一点往往是花了很多钱去学也学不到的。

7.1 一个心法

你在设计一个微商顶层代理模式的时候，一定要把握住它最基本的一个心法。

那这个心法是什么？是一切以顾客能够接受的终端零售

价格为基准。

你在设计一个微商顶层代理模式的时候，先考虑你最下等级的代理，就是顾客能够接受的终端零售价格。这一点是最基础的。

我们所有的微商顶层代理模式所考虑的因素，都是基于这一点。

成本价你自己是知道的，把零售价确定好，再结合你自己本身的资源，我们就可以设计出一个适合你自己的微商顶层代理模式。

这里特别提醒一下，一切以顾客能接受的终端零售价格为基准，不是说一定让你降低价格销售，这种做法是对早期微商零售价普遍虚高的一种修订。

实际上，在我所咨询的一些案例中，在经过详细的市场调研之后，我还是建议客户把零售价格提升上去，这样反而销量更好。

7.2 两点本质

本质1：微商本质上是一个渠道。

我从传统渠道刚转型微商的时候，去报了很多培训课，也去拜访了很多微商大咖。他们讲的都对，对微商的描述都非常准确。

但是有一点,你回到公司以后落实不了。你会感到很困惑,不知道从哪里着手。

比如,微商是以人为中心,要打造自己的个人IP,只有你的个人IP打造好了,大家才会追随你。这点对吗?非常准确。但是你怎么执行?

个人IP不是说你今天打造,明天就能够成功。不管你是通过写文章还是发视频、做音频等,个人IP打造非一朝一夕之功。

那难道我们没有打造个人IP之前生意就不能做了吗?肯定不是。

所以我们要从最根本的能够执行的本质去做。

那就是,微商,它是一个渠道。

微商就像传统的商超渠道、CS渠道、专业线渠道、OTC渠道、流通渠道、电商渠道一样,微商就是一个渠道。

我曾经写过一篇文章《中小企业开拓中国市场的天龙八部》,大概意思就是在中国做市场,第一步,一定要先确定你的渠道。中国有个成语叫纲举目张。渠道,就是你的纲。

你只有确定了自己的渠道,接下来的工作才能水到渠成,自然而然地发生。

如果你把微商理解为一个渠道的话,那你每天所做的工作就很明确了。

既然是渠道,你就要设计一个招商决策。招商决策设计好以后,你就要招商,你的代理商在哪,你就去哪里找。

这样，每天的工作就会很有成就感，而不是每天坐在办公室里，不知道东南西北，头脑是蒙的。

本质2：一定要充分利用你所拥有的人脉资源。

刚才提到，微商就是一个渠道。

像以前传统渠道代理商，包括电商渠道，你很清楚你的客户在哪里。

我们就以商超渠道为例，你去到一个城市，这个城市有多少个代理商，有多少个商超网点，你是可以通过调查、通过同行朋友知道的。

那微商渠道这些代理商在哪里？

中国已经有过10亿的微信用户，这些微信用户理论上都是你的代理商，或者准确来说都是你的潜在代理商。

和传统渠道代理商不同的是，现在每一个人，只要有手机，有微信，就可以成为你的代理商。

所以，制定一个微商顶层代理模式要考虑的第二点本质就是要充分利用你所拥有的资源。

你认识的人不同，人脉资源不同。你的人脉资源，他们的层次、消费水平、财务状况不同，也就决定了你在制定一个微商顶层代理模式的时候，所考虑的出发点是不同的。

所以要充分评估自己周围的人脉资源，才能够制定出一个适合自己的微商顶层代理模式，而不是抄袭别人的或者别的品牌的模式。

做生意赚钱的方法就是：资源＋经营。你连自己的资源都盘点不好，就更谈不上经营了。

7.3 做好微商的六个前提

这一点我在不同的场合，不同的文章里都进行过反复强调，原本我是说做好微商有三个前提。

后来我经过不断的实践，总结出六个前提：

1.人好。

2.货真。

3.价实。

4.想到就做。

5.逢人就说。

6.模式先进。

特别是第六点，是在系统学习了周雷忠老师的《资本架构学》的基础上总结出来的。

虽说做好以上的六点不一定能做好微商，但做不到以上六点，可以说，一定做不好微商。

7.4 微商顶层代理模式设计的四个阶段

我们了解微商顶层代理模式设计的四个阶段,有助于我们对整个微商有所理解,或者说对怎么样做好微商有一个理解。毕竟我们设计一个微商顶层代理模式,目的是做好微商。

第一阶段,2014年全年至2015年上半年。

那时候是卖发财希望套路,在这种套路下,我们所知道的一些微商品牌,特别是那个时候的面膜品牌,迅速地发展起来,又迅速地衰落下去。

也就是在那个时候,很多人对微商产生了不好的印象,也包括我自己。

甚至在那个时候,别人跟我一提起微商,我的第一反应就是,这不就是传销吗?

这个时候的突出表现就是价格虚高。

当时是纯粹的卖发财希望的套路,有这么好的发财希望,而且大家确实也看到很多人赚到钱了,所以就一股脑儿地跟上去。根本也不考虑,他到底是否能卖出去、零售出去。

大家都是去拉人,先把自己周围的朋友拉进来。而且那个时候大家对微信也不是特别了解,微信拉人也特别容易。

有一位做微商非常成功的大姐跟我讲，那个时候发一个朋友圈都可以招到很多代理。当时他们对那些来咨询的好友都爱理不理。

第二阶段，2015年下半年至2016年。

当然了，我这里说的时间都是一个大概时间，2016年就是一个隐藏的套路。什么意思呢？就是为了保护团队的利益，对外界隐去了一些真实信息。

那个时候微商团队已经做起来了，迅速发展到几千人、上万人，甚至有些团队说自己有几十万人，真假不得而知。

那么这些团队为了保护自己的利益，就只对外公布一部分代理的拿货价格。

在这种套路下，可以很明显地看到，目的还是为了拉人。

先把人拉进来，而不考虑产品最终是否能够卖出去。

第三阶段，2017年全年。

那时候开始了一个所谓连赢模式套路。

就是在原来的制度下，有种办法叫两代返利。

做一个最高级别的代理a，a介绍了b，b又介绍了c。这个时候c如果进了货，a和b都可以得到品牌方返利。

这个时候，一些品牌的顶层代理模式制度设计，开始考虑产品是否能够零售出去，逐渐回归生意本质；也考虑到了代理等级不能太多，一般是四级左右。

但这种两代返利的模式，会有人想要钻空子，就是我一直提到的"ab号"问题。

这样来解释，a介绍了b，本来b出的货a是可以得到返利的。但是b很聪明，第一次进货用自己的微信号，第二次进货呢，就用自己老婆的号。第三次进货呢，就用自己儿子的号。

原本a可以得到返利，但现在，因为b用了两个号，厂家的返利，都是他们一家人得了。本来是a介绍的，反而得不到什么了。

这样一来，a肯定不愿意再继续做，而且团队也有可能会面临崩盘。

所以，这时候就兴起了一个"连赢"模式。这就是借鉴了直销的一些制度。

微商模式，其实就相当于是一种大规模的流通加上小团购的模式。

所以，最健康的一种方式就是批发，加上半直销的裂变，再加上传统业绩考核奖励。

我特别要说明的是，我所讲的这些都是理论，理论上你的微商盘可以做得很大。

在实际执行过程中，如果你的最高级别的代理能有一个100多人的团队，那你的月回款可能已经不低于1000万元了。

所以在制定自己微商顶层代理模式的时候，一定要充分考虑到你自己的资源。

第四阶段,2018年全年。

这时候,微商开始尝试与实体相结合。

现在线上的微商越来越难做,流量越来越难找。传统门店生意在电商和微商的冲击下,也越来越难做,所以,门店也在谋求转型。

微商要结合实体,在模式制度上又会有新的不同。

7.5 五个分配等级

你在考虑你的顶层代理模式的时候,也要考虑哪些人拿这些利润。

做生意,你的成本是多少自己最清楚,零售价也已经设定好,只要分配好这中间的利润就可以了。

分配等级1:操盘手。

你的操盘手,除了要给他基本工资之外,你要给他一个提成,一个产品是多少钱或者按出货额的百分比给他。

分配等级2:团队介绍奖励。

行业里有一些团队有相当多的团队资源,他们跟很多团队长都比较熟。

如果你的制度比较好,实力也比较强,给这些人充分的利润空间,他们可以帮你拉个团队。

但如果你自己的实力比较弱，那就先不考虑这方面，老老实实地从自己的身边资源做起就好了。

分配等级3：招商CEO。

实际上他们的身份就是团队长，对外的身份是操盘手，你要以他们作为操盘手的身份进行宣传。

如果你的实力比较强，能够在起盘之前跟一些团队达成合作。而这些团队的负责人，他们也愿意投入相当的精力来一起做这份事业，公司就可以把他们打造成招商CEO，或者是打造成操盘手。他们所拿的报酬，除了他们自己团队的差价以外，整盘再给他们一个提成。

对外还可以把他们打造成"男神"或者"女神"之类的，帮你转化团队。

分配等级4：分公司级别。

严格来说，分公司不是一个级别。他的拿货价是和最高代理拿货价是相同的，按一般的说法叫联创。

只不过为了鼓励联创介绍更多的联创，就可以给它设定一个条件，达到条件以后额外再给他一份。之所以分公司的拿货价与最高代理拿货价相同，是因为这样可以避免乱价。

分配等级5：公众级别。

正如上文所说，微商就是一个渠道。

只不过，把线下的渠道搬到线上。所以一定要符合生意的规律，凡是不符合生意规律的，不管现在多么的热闹，最后一定是崩盘。

现在的微商顶层代理模式设计,一般是四级,当然也可以是三级、五级。我个人认为四级左右是比较合适的。

这个要根据你的利润空间决定,还是那句话,一切要以动销为前提。

7.6 十个要素

这十个要素就是制定微商顶层模式的基本动作,掌握了这些,结合"特殊情况,特殊对待",融会贯通。

要素1:你的产品零售价格与价格梯度设定。

做好微商的三个基本前提:人好、货真、价实。

这个价实就是以一个顾客能够接受的最终价格为准,价格不能像以前的微商代理模式制度一样那么虚高。

我们还可以从另一个角度来理解这个问题,因为微商一开始做的是朋友生意。如果你身边的朋友,看你的面子买了你的一个产品,产品品质也可以,但就是价格非常高,也不会产生二次购买的念头。

所以,产品一定要货真价实。

价格梯度设定的就是你的利润空间,然后根据你的利润空间再设置利润差。

这里有一个基本的规律，就是：从上往下，利润空间要逐渐加大，保证下级代理有利润。

我们设置代理等级，不要用名字，就用一级、二级、三级、四级来表示。

这里面的规律是这样的：一级、二级，相当于你品牌方的职业经理人，他们的主要作用是招募下级代理，而不是做零售。

相对于传统渠道，微商渠道就相当于是大的批发商、流通商。因为出货的数量比较大，所以它的单品利润空间可以适当少一点。

而第三级和第四级的代理，主要作用是做零售。特别是第四级，相当于自用或者送人的，只有在偶尔的情况下才可以卖出去，更要保证它的利润。

还有这么一个规律，我们在制定一个微商代理模式的时候，第四级的价格，其实也是我们的心理价位，也就是我们实际想通过这个价格把产品卖出去的定价。

另外制定这个零售价格还要考虑的一个因素，就是上市以后你的终端促销活动。

既然微商是一个渠道，那它的促销方式也和终端渠道有一定的类似性。

为了让顾客能够接受，你要做一些促销活动，所以你的利润空间设置，就要把这一点提前考虑进去。

要素2：代理等级的设定。

这个上文也有提到，一般来讲可以分为四级，也会有其他的情况。

还是要回到最初的心法上，一切要以顾客最终能够接受的零售价为基准，然后再结合你的成本价。这样就可以算出来，你自己能够有多少利润空间了。

把这些利润空间分配到不同级别去，利润空间多就可以多设几级，少就可以少设几级。

你甚至可以只设三级。比如我咨询的一个上市公司口腔护理产品，就只设了三级。

还有某家上市公司的饮料品牌，吸取了前面两个饮料品牌的教训，在制定模式制度的时候，只设了两级。

要素3：代理门槛的设定。

也就是代理需要交付多少钱才能够做到这个级别的代理。

你可能会看到一个价目表，上面写着你要交几万元才能够成为第二级别代理，或者你要拿一定数量的产品才能够成为最高级别代理联创等。

这里的规律是，倒数第一级别，相当于一个小团购，主要的目的是自用。所以你在设定这个价格的时候，就要根据你的零售价制定，基本上要以产品零售价打八五折为标准。

这样的话，顾客才会觉得有吸引力，才会一次性多买一些。这跟我们到超市，有特价活动就多买些的道理是一样的。

而倒数第二级别，一般来讲会设置一个整箱。根据你的包装数,比如你包装数是48件一箱,或者是36件一箱,就按这个一箱的标准来招代理。

这个级别的代理,他毕竟也交了一两千元甚至更多。但他的目的,还是自用一部分,往外能卖就卖一部分,能够赚一点零花钱。

而从上往下的,第一级别和第二级别,他们的主要作用是招募代理,也相当于传统渠道里的大批发商,所以他们的门槛就会比较高。

对一个中小品牌来讲,你的资源往往投入不是那么多。一般来说,第二级别代理需要交上万元。最高级别代理,根据各个品牌的不同情况,一般是数十万元。

当然如果你的人脉资源非常丰富,你的条件门槛就可以设得更高一些。

比如我为一个足贴品牌做顾问,最高级别代理现在已经升到了数十万元,一开始是几万元,现在生意不断增长,所以把门槛也提高了。

要素4:最低等级代理的设置。

我们主要是考虑顶层代理的模式设计,但最低等级代理是起着零售和招募代理的一个中间层的作用,所以先把他们考虑清楚。

1.同级推荐奖励。

在设置最低等级代理的时候,要考虑的第一点就是同级推荐奖励。

我用传统渠道的生意来解释一下，在传统渠道的生意中，比如我介绍了一个代理给某个品牌，这个时候品牌方的老板，可能只是请我吃一顿饭。

但是在微商的模式制度下，我推荐了一个跟我平级的代理，我可以得到这个长期的返利，那这样一来，我就会非常有积极性地去推荐周围的朋友做代理。

而且借助微信这个工具，如果你有微商管理系统，可以很清楚地知道，每天我所推荐的那个代理进了多少货，也知道每天他帮我赚到多少钱。

2.跨级推荐奖励。

最低等级代理所考虑的第二点，就是跨级推荐奖励。

这个如何理解？比如我是第四级别代理，我推荐了一个第二级别代理。这就叫跨级推荐奖励，也叫下推上奖励。

当然，如果我自己也升级到一级代理的话，我推荐这个二级代理就可以挂到我的名下，得到的奖励额度一般是两级代理利润差的50%。

3.代理补货决策。

第三点就是代理补货决策的设定。比如我原来的门槛是一万元，那我不能以后每次进货只进一箱，或者一个一个地进，补货的时候必须得有一个门槛。

这个可以根据微商品类的不同来设定。设定的时候，主要考虑运输费用的因素。

4.代理保证金。

第四点就是代理保证金的设定。

这个代理保证金，不是必须的，但收保证金对这个微商有一定的控价作用。

微商因为只有一个微信号，很容易乱价。一旦乱价，也就意味着这个微商品牌的崩盘。

5.代理业绩考核指标。

第五点就是业绩考核指标的设定。

你成了我的代理以后，你没有主动去工作，对我来讲就没什么意义。

为了督促你，我就设一个业绩考核指标。

比如，你三个月完不成多少万元业绩，我就给你降级或者直接取消代理权。

这一点也是根据你品牌所面临的实际情况而定。

6.升级条件。

第六点就是下级代理的升级条件设定。

一般所考虑的升级条件有这么几种：

第一种是全款升级，这个很容易理解，就是交钱升级。

第二种是推荐裂变升级，三三裂变或者五五裂变。

比如你是第三级别代理,你推荐了三个跟你同级别的第三级别代理,你就可以在下次拿货的时候,按第二级别代理的价格来拿货,这就叫三三裂变。五五裂变也是一样的道理。这就会鼓励大家去发动自己平级的人员,介绍给上级。

第三种就是按时间段累计升级。

就是说你在一个月之内,拿了多少货,你就可以升级。在下次拿货的时候就可以按新的级别代理拿货价格来算了。

要素5:最关键的顶等级别代理设置。

在任何一个微商品牌当中,最赚钱、最关键的都是顶等级别代理。

一个团队负责人非常受欢迎,只要敢说自己有几千人、几万人的团队,你是不愁没饭吃的,众多品牌方的老板都想请你吃饭,都想跟你套近乎。微商顶层代理的返利和回报也是非常丰厚的。

同时,也要考虑到以下几点:

1.同级推荐奖励的设定。

这个同级推荐奖励和下等级代理的不同,往往是两代。

就是a推荐了b,b又推荐了c,c所出的货a也可以拿到钱。如果c又推荐了d,a就拿不到钱了,这就是微商通常所说的两代推荐返利。

2.上升为分公司推荐数量的设定。

比如,最高级别代理是联创。联创如果推荐了五个联创,或者十个联创，根据你产品的利润空间和公司的规定，就可以上升为分公司级别。

当然，这里的"分公司"也只是一个名词，你也可以叫别的名字。

分公司虽然是比最高级别代理高一级，但拿货价格是不变的，只不过额外多给了一份奖励而已。比如每一盒产品多给你两元提成。

它背后的原理是鼓励联创直接推荐自己周围的人，你直推了五个或者十个就可以额外得到一份奖励。

刚才说的两代推荐奖励，相当于你把自己的人脉资源发动起来，你推荐的人又把他的人脉资源发动起来，这样你也可以得到奖励。

你推荐朋友，朋友又推荐朋友，你可以得到两代推荐奖励，你直接推荐你身边的朋友，推荐到一定数量还可以得到品牌方的额外奖励。

这个世界是符合能量守恒定律的：付出要有收获，这样别人才会愿意跟着你做事。

3.返利模式和返利明细设定。

作为一个最高级别代理，除了给他上述所说的报酬之外，还要给他一定的业绩考核奖励，一般来讲，以10%为宜。当然这个也是根据你的利润空间进行调整的。

业绩返利一般有两种方式：

第一种就是只拿自己团队的奖励。

比如联创a这个团队已完成了上百万元的业绩,代理就拿到10%的奖励。联创b团队完成了数十万元的业绩,代理就拿到8%的返利。c和d团队也是如此。以此类推,他们都是拿自己团队的销售返利。但人都是很聪明的,会有a、b号的问题。

我是联创a,我辛辛苦苦培养了一个联创b出来。本来我是可以拿到返利的,结果就是因为我原来下面的代理升级了,跟我平级了,我反而得不到钱。

因为b肯定会用自己其他微信的号码,比如自己家人的微信号来进货。厂家给的返利,都给他们一家人。这就是目前这种顶层代理模式的弊端。

第二种就类似于半直销的这种裂变。

a所拿的返利,就是abcde这个团队所有总和的返利。

比如,这几个团队总共完成了上百万元,但实际上a可能只完成了几十万元业绩,其他的业绩是由bcde几个团队共同来完成的。

按照我们现有的规定,那么a就可以拿到10%,这10%的返利,品牌方是先给a。

但a因为只完成了几十万元的业绩,另外的业绩是bcde几个团队合计完成的。

可能按照品牌方的规定,超过十万元的业绩就可以得到7%的返利。

这个时候a就只要按超过十万元的这部分业绩的7%给b就行了。

按照原来的模式制度,a只能得到自己团队销售的一个返利,但按照现在的模式制度下,a就可以享受自己这条线推荐的联创代理的利益。

同样的,可能b只完成了一部分的业绩。b从a那里,得到了7%的返利。

c、d团队也完成了一部分的业绩。按照品牌方的规定,只能得到5%的返利。

这些说起来可能有些拗口,大家可以对照着我说的记录,自己在纸上演算一下。

这样的好处是,我是a,哪怕我下边的团队bcde都跟我平级了,但他们的业绩我也可以得到一部分。

这样我就会鼓励我下面的团队进行升级,也不用担心他们的业绩跟我没关系。

对顶等级别代理,还有其他一些临时的奖励措施。

比如达到一定的业绩,送车送房等,这个也是跟临时性的决策有关,跟你整体业绩达标,利润空间大小等有关。

要素6:分公司级别返利标准设定。

这个就相对简单了,你要根据你的利润空间,设定每盒产品给出多少返利。

要素7:招商CEO奖励设定。

对外宣传是公司的操盘手的，这个人往往就是团队长，可以是一个人或者是几个人，如果你起盘前和一些微商团队都谈好了合作，那就可以用这种方式把他们绑定在一起。

他们对外是代表公司的，主要是帮你转化团队的。这个也是根据你的利润空间设置一个集体返利。这个返利可以是他们共同享有的，因为他们对外是代表整个公司，帮你进行转化团队。

要素8：团队介绍奖励的设定。

要素9：操盘手提成奖励的设定。

这两部分的内容都比较简单，就是根据你的利润空间大小来进行具体设置而已。

要素10：退货决策。

卖不掉退货将来会是一个标配。

7.7 微商与实体相结合

先找实体代理商，然后再嫁接微商代理模式制度。

你在设计顶层代理模式的时候，要把代理商当成是自己的销售部，不能只把他们当成代理商。

微商是以个体为单位，如果是以公司为单位的必败无疑。

如果你要实施门店转型微商的做法，而且是必须要跟公司合作的情况下，因为你要借用他们的资源，所以一定要对方指定一个专门负责这个项目的人。

一般来讲，老板是不可能有这个精力的，他指定的人一定是在他自己公司比较有影响力的，像是老板的替身一样，如果是老板的儿女就更好了。

第 **8** 步

购买微商管理系统

只要你敢卖，就有人敢买。

因为这个世界的人，大部分都是利用信息的不对称性来赚钱的。

做过一段时间微商的人几乎都对微商管理系统不陌生了，但想转型微商的传统企业对微商管理系统都会有着这样那样的疑问。

微商早期发展的时候是没有微商管理系统的，那个时候的一些微商公司做到十几亿元规模的，也都是用 Excel 表格来管理最高级别的返利。

配合当时的微商顶层模式制度，没有月度或年度返利，只有顶层代理的两代返利，所以用简单的表格就可以管理。

微商中，只做零售不招代理是做不大的，只招代理不做零售的都是做不长的。

如果，品牌方只顾招代理，拼命压货，最后会变成一场击鼓传花的游戏。囤了大量货的一些高级别代理为了尽快变现，就会低价出货。

这其实也和传统渠道的"冲货"一个意思，不同的是微商是把最小售卖单位由原来的公司和店铺变成了个体，更加难以管控而已。于是，微商管理系统就应运而生。

微商管理系统最主要的作用：

1.控价。

2.云仓与订单。

3.返利等。

现在的微商管理系统，已经发展得非常成熟，后续也开发了很多其他的功能，但对微商品牌方而言，最主要的就是满足上述三个功能模块。

8.1 微商管理系统怎么控制价格？

微商的"一物一码"系统，就是外箱有一个外箱码，每个单件的产品也都有一个独立的码。在公司出库的时候进行扫码出库,让产品上的标签绑定到指定级别的代理,代理收到货后可以利用手机后台再次发货给下级或者出售给消费者。

消费者购买商品后可以通过扫描产品上的标签进行查询负责出售的代理详细信息。

因为产品是根据代理的手机后台进行发货,产品显示的代理信息只会追溯到最后一个扫码的代理,这样的话可以让消费者和公司进行监管产品是否为同一个代理出货。

如果产品出现乱价、窜货等行为,可以直接追溯问责指定的代理并进行相应的惩罚。

这样就实现了控价的目的。

在实际的微商运营中,当遇到产品销量猛增的情况,有时要杀鸡儆猴,具体做法是抓出一些违规的代理,全网公布取消代理资格。

8.2 云仓和订单功能

传统渠道是一手交钱一手交货,更大可能是先铺货,后收款。但微商是各级代理先交钱,然后再根据发展代理的情况逐步发货。

微商发展早期是把大批的货发到代理手中,所以就有代理家中客厅里全是某微商品牌的洗衣片的情况出现。

所以很多传统企业的老板来找我咨询的时候，都会很担心这个问题。

殊不知，他们所担心的事情在微商里都早已经解决了。微商管理系统里的云仓功能可以解决这一问题了。

8.3 返利功能

微商管理系统可以根据品牌方的顶层模式返利制度先在后台设置好，不管是顶层代理，还是低级别的代理，现在都可以自动实现返利。

尤其是现在的微商顶层模式有所谓的"连赢"模式，当最高级代理推荐同级代理，而且连续推荐的话，可以享受团队的业绩返点，赚取一个返点差。

8.4 代理下单是直接支付的吗？

系统是根据下单并上传支付截图来实现支付的，并不是直接通过余额或刷卡支付。

因为系统是直接对接微信的公众号来开发，只能使用微信支付而不能用支付宝支付。

另外，目前微信对公众号内关于微商、分销等行为监控较严格，如果有现金流动让腾讯通过后台查账，公众号会有被封停的风险。

另外，如果对接微信支付，金钱会直接打到对应公司的微信账户，加大了运营的成本，所以系统不建议做直接支付。

8.5 微商管理系统的价格一般是多少？

现在价格也比较透明了，有贵的，也有便宜的。一般来讲，3万元到4万元是比较正常的价格，已经可以实现大部分的功能。至于有些比较贵的，比如收费十几万元，甚至二十几万元的，是有其他的服务，这要根据企业的情况而定。

最后说一句，微商管理系统不是必须的，但有这个系统比较方便。

第 **9** 步

组建实体微商运营团队

我在一家微商公司做顾问辅导时,在公司待了几天后,大致估算了他们的成本,办公室租金、货物垫付资金、员工工资等所有开支,又了解了他们的招商进展后,我告诉老板:"把所有员工裁掉,就留老板和自己的高级合伙人代理就可以了。"

和我合作过的某位微商公司老板,公司就两个人,老板外加一个美工,老婆在老家带小孩负责收钱。

我记得早期参加一个微商培训班时,台上一位讲师说过的一句话,我现在还记忆犹新:"不是现在的微商难做了,是现在的团队长懒了。"

一位知名微商自媒体人这样说过："这就是典型的微商人，每个人都是身兼数职。"

微商从零起盘到公司拥有内部的运营团队，这个话题是一个伪命题。

微商是以个体为单位，而不是以公司为单位进行运营的。

这里的以个体为单位，是指代理商是和公司推出的个人进行沟通，信任的是代表公司的人，而不是冷冰冰的公司。

微商从零起盘，公司内部的运营团队可以没有其他人，老板一个人搞定。

这句话并不是玩笑话。

现在的团队长赚到钱了，不想吃苦了，所以就请助理帮着回复微信，以前刚开始做微商的时候，是不会有这一说法的，还不是白天聊天，晚上培训，深夜打包发货。

网上说，做微商至少要有操盘手、文案、美工等众多人员，一般来讲这样组合是没错的，但这不是我想说的重点，我想说的是：以上人员的工作必要的时候老板一个人就可以完成。

除了共用的财务、仓库人员外，其他人员都是有条件就招，没条件不招也可以开始做微商。

别把微商想得那么神秘，现在有很多的 App 都会帮助微商人进行相关的工作。

微商时代，先做了再说！

如果非要组建，一般来讲，一个微商运营团队需要有以下的基本架构：

1.微商操盘手。

2.文案策划和美工。

3.培训老师。

4.招商客服人员。

5.网络推广与微商管理系统维护人员。

9.1 微商操盘手

微商操盘手主要负责整个项目的运营、整个体系的搭建、人员团队的组建培训、体系决策梳理、高级别代理的沟通、招商工作等。

操盘手需要创建许多微信账号，为什么呢？

微商是以人为中心，让代理认为是和操盘手打交道，操盘手的点赞、评论、私聊互动都会鼓励代理去努力冲业绩。

这些账号不一定要操盘手自己管理，一般由招商客服负责保管。

公司可以尽可能多一些微信账号，密码由公司统一保管，客服或其他人员只负责使用，尽量不要用语音，如果实在要用语音，就由操盘手临时语音回复。

操盘手个人账号的工作职责就是每天固定加一定数量的粉丝；每天进行品牌、产品宣传；每天转发操盘手朋友圈进行宣传；以个人身份进行招商；个人生活和工作状态发布。

9.2 文案策划和美工

任何项目做产品的包装或者是做项目的起盘，前期都需要文案策划这个职位。

文案策划负责的工作：

1.提炼产品的卖点。

2.写招商手册、产品手册、模式手册。

3.引流、动销等各种活动方案的文案输出。

4.朋友圈文案素材的选择等相关的工作。

5.操盘手个人IP打造的相关工作。

美工负责的工作：

1.在微商起盘的前期需要准备大量的图片素材，需要美工有出色的设计出图能力。

2.竖屏思维：微商的图片几乎都是在竖屏手机上看的，建议参考陈柱子老师《竖屏思维》这本书，在设计图片的时候就有了明确的指导。

3.出图不要求尽善尽美，先要求快，切记：完成胜于完美。

9.3 培训老师

大多数代理商，在代理本产品之前是没有做过微商的，对此微商企业就要给代理商进行系统的培训。

微商培训导师的主要工作内容：

1.建立微商培训体系。

2.进行代理商培训。

3.线下沙龙会。

4.有能力强的培训老师可以主持线下招商会。

9.4 招商客服人员

招商是微商运营工作最重要的部分，可以说我们所做的工作几乎都是为招商做准备，或者是让招商更容易完成。

招商客服人员要对公司的产品、模式非常熟悉，并通过沟通，整理出百问百答等话术。网络引流的客户流量承接人最好是操盘手或微商培训讲师，待其进行简单沟通后再分配招商人员进行跟进和维护。

招商客服主要工作职责：

1.负责售后服务。

2.订单物流跟踪查询。

3.系统模式咨询解答。

4.产品质量问题投诉。

5.产品相关问题及时解答。

6.活动方案推进。

7.产品素材反馈收集和打造朋友圈。

9.5 网络推广与微商管理系统维护人员

网络推广是微商运营的基本工作之一,微商产品的软文营销、新媒体营销、招商网络推广,这些都是微商运营中的基本工作。

1.一个优秀的网络营销人员,可以花最少的钱,给企业带来最有效的网络引流。

2.微商企业前期,如果要上微商管理系统,要有专人去维护微商管理系统。

3.网络推广人员更类似于直营模式的付费引流,需要有一定的回款作为基础。

以上这些纯理论的东西,随便看看就可以了,只需要记住一点:微商时代,做了再说!

准备实体微商起盘运营素材

我反复强调的一句话就是：微商是一个人就可以做的工作，而且一定要想到就做，而不是想好了再做。

对于微商的运营素材准备也是一样。素材准备得很充分，但起盘成功与否并不由此决定。

我身边的一些朋友起盘，没准备什么素材，就靠着之前积累的人脉信任也能招到第一批的代理。

传统渠道的老板转型微商，最大的问题就是问不出问题，因为连评判对错的标准都没有。

但传统渠道最大的一个特点，就是喜欢按部就班地去做事，所以用传统企业营销的方式来一步一步地准备素材，就完全没有陌生感。

一个新起盘的微商能够准备好以下的素材，基本上也就够用了。

1.品牌整体规划。

2.品牌素材微信号。

3.朋友圈素材准备。

4.代理决策表、招商手册准备。

5.各式通知模式。

6.百问百答模板。

10.1 品牌整体规划

把自己的品牌整体规划先制定出来，规划都是有套路的。

微商里面经常有"拟邀请某某明星成为代言人"，就是"打算邀请"，至于将来是否能邀请，就看品牌的发展了。

将来品牌真的能发展，当然可以请。品牌没能快速发展，这个计划可以稍微往后推迟。

但有一点：微商是真的善于把夸下的海口变成现实！

1.品牌线下体验馆全国要开1000家。

微商一定要与实体相结合，不结合实体的微商不叫好微商,不结合微商的实体也很难维持经营。所以微商可以大胆地宣布要结合线下的体验馆。

2.推出N款新品。

3.商学院。这年头,做微商没自己的商学院都不好意思跟别人打招呼。

4.N周年庆典。庆典就要开大的,拟请明星助阵。

5.一亿元品牌推广费用投入,把广告投放在深夜央视广告时段是标配。

6.自主研发实验室,微商品牌的基础就是产品。

7.代理商服务体系升级,怎么也得有个五星级服务。

8."明星、旅游、演唱会"这三种承诺百用不厌。

9.工厂开放,哪怕是加工厂,也要树立几个招牌。

10.精英代理股权分红,要卖未来的收益。

以上草稿打完,请美工把海报做得漂亮点,就可以尽情发朋友圈了。

10.2 品牌素材微信号

虽然现在的微商管理系统已基本实现了素材统一输出,但我还是建议代理们准备一个专用的微信素材号,因为微商代理朋友圈动态素材主要来源几个方面：

　　1.转发素材号信息。

　　2.转发上级代理的信息。

　　3.自己编写。

　　所以对于编写能力差的、刚开始做微商的微商新人，每天更新自己的动态，主要就是靠转发素材号的朋友圈。

　　品牌方的素材号就要提供足够的朋友圈素材来让各级微商代理用于选择转发。

　　朋友圈的素材要注意以下几点：目的、服务人群、发布内容、素材来源、撰写技巧、发送数量。

　　朋友圈素材号发布的素材目的：

　　1.卖赚钱希望：目的是招代理。

　　2.卖产品：目的是做零售。

　　3.卖个体转变和情怀：目的是情感认同。

　　把上述三个目的素材整理好由专人管理，每天发朋友圈，供代理选择转发。

　　素材号主要服务人群：

　　1.微商新人代理。

　　2.微商中层代理。

　　一般行业做到高级代理(注意是能力达到高级代理的而不

是卡位或内招期的代理),自己已经具备了发吸引人的朋友圈的能力,就只部分转发品牌方的素材号内容。

素材号负责每天发布品牌信息、产品信息、功效特点、使用方法、代理招募、代理成长、培训课程等相关微商朋友圈动态信息,以供微商代理进行转发。

1.产品信息:产品功效针对点。

2.品牌信息:突出品牌背书。

3.活动海报:项目活动信息。

4.代理成长案例:优秀代理商成长案例。

5.代理商海报:代理商宣传动态。

6.品牌文化:正能量品牌信息文化。

7.微商实战干货。

8.新品发布活动动态。

素材来源:

1.从素材中心群拿:领导的思维记录整理。

2.从客服处:拿代理使用反馈等素材。

3.从物流部:拿到货,发货,快递等素材。

4.从采购部:拿工厂高质量生产、加班赶货、正规生产等的素材。

5.自己编写素材:每天上网站看头条新闻,是否可以与公司的宣传嫁接;制造各种节日视频祝福素材,新品视频使用素材等。

6.从代理商朋友圈找素材:励志、榜样、使用效果、反馈等。

7.从操盘手朋友圈找素材:转发操盘手朋友圈的内容。

8.从产品痛点找素材:顾客购买产品的五十个理由,每个理由都可以扩展为一个系列的朋友圈素材。

9.素材最重要的一个来源:竞争品牌。

可以多了解竞争品牌的信息资料,不但可以学习其朋友圈素材,还可以及时得到竞品的市场促销(引流、动销)信息。

因为是同一品类,反应迅速就可以用到自己的品牌身上。

文案撰写技巧:主要是讲好五个故事,即品牌故事、产品故事、创始人故事(把创始人、操盘手打造成明星)、团队故事和个人转变故事。

收集代理商个人转变的故事:成功代理商的人生感悟、感言、经历、家庭成长、灰姑娘变白天鹅的蜕变等。

优秀代理商的故事:挖掘人文特色、挖掘平凡人的内心故事,形成专人专栏,比如某某代理香粉的成长故事之某主题。

素材发送数量及阶段:

1.每天保证10条。

2.早上8~9点,早安图分享。

3.晚上10~12点,晚安图分享。

4.特别注意,不能让新人代理完全照抄,这样容易造成暴力刷屏。

素材号禁忌：

1.绝不聊天：如有人找聊天，直接回复："亲，这个问题请找客服解决。"

2.绝无外人：微信只有代理商和部分公司内部人员，其他人勿轻易添加。

3.绝不语音：如有人找语音，直接回复："亲，我是素材号小编，有问题请找客服解决。"

10.3 朋友圈素材准备

怎么发朋友圈几乎是每家培训公司的主要培训项目。

因为微商的两个最重要阵地就是朋友圈和微信群。

朋友圈素材往以下几个方面准备就可以暂时维持一段时间，真正起盘以后素材来源就会越来越多，尤其是客户见证，这类素材最有杀伤力。

我跟我辅导的某个品牌要求准备的朋友圈素材类型如下：

1.产品篇，产品区别于其他品牌的卖点。

2.倒计时篇。

3.节日篇，同时也是布局营销节点的重要依据。

4.科普篇。

5.明星代言人篇：如果有的话，一定要大加利用。

6.卖场小视频。

7.品牌造势篇。

8.走心鸡汤篇。

9.决策篇。

10.大咖祝福篇等。

10.4 代理决策表、招商手册模板

我通常把微商定义为一个销售渠道。既然是销售渠道，传统企业让自己的业务人员下市场招商之前要准备好市场业务包，价格表打印出来在以前是必需的，我还记得我以前下市场甚至连传真机都要自己带着。

微商也是一样，要把招商手册、代理决策表等，在顶层模式已经确定好的情况下，做出精美的电子版，易于在手机上阅读的，不要再印出纸质版。

10.5 各式通知模板

微商需要仪式感，所以你才会看到在微信群里不断有欢迎仪式。

所以，微商品牌方要做出正式的微商通知各式模板，所有通知都用统一的模板来做。

10.6 百问百答模板

对每一个微商起盘的品牌方而言，百问百答都是要慢慢积累出来的，根据在招商、零售的过程中，顾客不断提出的问题，然后总结，提炼出来。

百问百答模板又可以分为两大类：

1.关于产品的百问百答。

2.关于微商模式的百问百答。

关于产品的百问百答，因为每家的产品不一样，所以要靠自己逐渐整理出来。

关于微商模板的百问百答，行业里已经整理出了相对比较有效的回答模板，所以就要靠平时不断地搜集。

比如以下问题怎么回答：

1.你们是什么模式？

2.没有钱怎么办？

3.我家人不同意怎么办？

4.你的产品价格太贵了，能卖出去吗？

5.听说微商产品半年就死一批，你的公司能存活多久？

6.我的微信好友很少，这样能不能做微商？

7.我看一下身边的资源，有资源就做，没资源怎么做？

8.我怎么开发市场？

9.你们有没有培训课，可以一步一步地教我？

10.将来万一卖不掉，能退货吗？

类似的问题还有很多，都要整理出来，形成标准的回答。

当然也可以找专门的培训公司来培训，但最终落实还是要靠自己。

第**11**步

准备微商培训课件

我在传统的化妆品、快消品企业担任了多年的总监、营销总经理等职位,除了承担管理的职责之外,做的最多的就是培训工作。

在传统渠道的快消品领域,也出现了很多优秀的培训讲师,所总结整理出的销售技巧、销售方法、标准话术也都非常有效。

从传统渠道转型微商以后,我发觉自己做得最多的工作就是培训工作。

微商的培训可以分为线下培训和线上培训。线下的培训往往结合线下的内训会、招商会和裂变会等，如果有自己独特的一些做法，就可以用另外的专题去讲。

下面主要是指线上的培训。

微商很善于宣传，所以一个刚开始做微商的新人在看到很多培训课件题目或者某些微商品牌的培训课内容介绍时，给他们造成的印象是：听完这堂课，可以月入过万，可以组建万人团队，销售转化率可以提升N倍等。

但其实，微商的培训只是微商起盘系统工程中的一个环节，不要过分夸大培训在微商中的作用，就好像传统渠道里培训不是万能的一样，微商的培训也只能起锦上添花的作用。

现在市面上讲微商培训的书籍有很多，在线上开公开课赚钱的、引流的很多，但如果不了解背后的框架规律，就很容易面临"只在此山中，云深不知处"的局面。

只要了解了微商培训背后的全局框架规律，一个刚做微商不久的微商人，也很快可以成为一个微商培训的高手，再准确来讲，是微商线上培训的高手。

线上培训和线下面对面培训相比较，最大的不同是别人看不到你，你哪怕是在床上躺着也可以随时开始培训。

刚开始转型微商的时候，我也感觉微商培训很高大上，直到我经过不断地学习和实践，了解了微商线上培训的规律，才恍然大悟，原来微商的培训是这样的！

微商培训一般有几点需要注意的：心法、流程、形式、培训对象、培训讲师来源、培训课件来源、培训内容与题目。

11.1 微商培训的心法

做任何事情，如果掌握了基本的心法，就好像是掌握了一把打开宝藏的钥匙一样，才不会被表象的事物所迷惑。

做微商培训的心法就是一句话："只要你敢讲，就有人敢听；只要你敢分享，就有人因你而来。"

这句话源于我刚开始转型微商不久时在微信群里听某微商品牌的创始人某某总的培训。

当时我记得宣传的微信群公开大课的主题是：一堂课帮你解决手上的存货！海报做得也非常有气势。

整堂微信课下来，要问我的感受是什么？

我听完之后觉得是不乐观的，准确的说法，是非常不乐观。

微信课上，这位某某总一会儿是慷慨激昂，一会儿又抒情满怀，让人不知所云。而且，特别让人哭笑不得的是，可以明显听得出来，这一段内容是从一篇文章摘抄出来的，另一段内容又是从另一篇文章中摘抄出来的，两段内容是有重复的。至于怎么帮助代理解决手中的存货，根本就没提。但这并不妨碍别人敢讲，也并不妨碍微信群内鲜花满屏。

传统企业转型微商时，在培训这个环节上，只需要记住这个心法，就可以大胆地去讲。

而且记住一点：讲什么都比不讲好。

微商渠道的代理一般都只是靠微信来联系，可能90%的微信朋友这辈子都见不到微商真人，就好像我们看了一位明星，比如刘德华，参演很多电影，对他好像是很熟悉，但就是没有见过真人。

所以如果一段时间没有培训课，微信群里就会沉寂下去。

11.2 微商培训的流程

1.课前。

前一周：熟悉培训课件，并制作出宣传文案和海报。

前两天：安排好人员分工，大规模造势。

人员分工：一般来说，微商的线上培训会有主持人、主讲人和课程助理。建群，提前准备好邀约说辞，邀约学员进群。

刷朋友圈：根据准备好的海报和文案进行刷朋友圈，必要时每半小时刷一次，刷的时候把之前的文案删掉。

前一天和当天：就做一个事情——刷朋友圈。

刷朋友圈时，要注意刷的内容。一般要有讲课导师海报、讲课内容震撼的海报、微商现在有什么痛点的海报、听完之后有什么爽点的海报。微商培训，从一定意义上来讲，是形式大于内容。

2.课中。

讲课中,要有互动。微商,没有什么问题是一个红包解决不了的。如果有,那就发两个,如果还有,那就像触电会创始人龚文祥老师一样一年发上万元的红包。

课堂中,红包调动气氛是必须的。在正式讲课前,要做好主讲人的身份塑造,同样的话,不同的人说出来,力量绝对不一样。

3.课后。

课后不追踪,万事一场空。

课后一定要布置作业,而且要把学员反馈的作业发到群里,除了让群内所有学员能看到外,集中起来还可以成为发朋友圈的素材,还要收集代理们的反馈意见。

微商代理团队也要做好总结工作,把培训的内容与自己的实践结合起来。

11.3 形式

微商的培训,尤其是线上的培训,是形式大于内容。

微商是借助微信的工具,微信工具的运用,翻来覆去就是那几招:改头换面、远加近交、发朋友圈、混群、群发、私聊。

微商培训的形式有两种:语音和文字。

而最好的培训形式是：文字＋语音的形式。

更具体的就是：

1.讲干货的部分用文字。

2.讲案例、讲励志的部分用语音。

现在语音输入法也非常方便，直接通过语音转换成文字，准确率也很高。

随着微信好友越来越多，如果语音过多，会很耽误时间，你只能全部听完才明白对方是讲什么的。

这也是一些微商，特别是微信好友比较多的微商，比较烦听语音的原因，有些甚至在微商昵称上直接写上：不听语音。

如果全程用文字来进行培训，对于习惯看文字的代理固然可以节约时间，但会有一个缺点，没有现场感。

如果全程用语音来培训，讲的时候固然爽，但对于像我这样的，觉得听语音太耽误时间了，有时就会选择不听，除非我事先就对讲课的老师比较了解，知道讲的内容是我需要的。

所以最好的方式就是文字和语音相结合的方式。

这样代理在群内哪怕没时间听语音，只要扫一眼文字也知道要讲的是什么干货了。一般来讲，培训一个晚上，真正的干货也只是一两句话而已。

比如，我在一个微信群内培训30分钟，讲两个极其生动的故事，虽谈不上曲折离奇，但也算引人入胜。

但其实真正的干货就是两点：

1.微商新品牌就是要疯狂做，疯狂推：线上需要技术，台下只需要厚脸皮。

2.微商的线上培训心法：只要你敢讲，就有人敢听。

其他所讲的都只是围绕着这两点干货的发挥而已。

在微商培训的形式上还有一点，就是线上微信群培训时的互动问题。

这里也分两种情况：

1.培训讲师一口气讲下去，讲完再互动。

2.在培训过程中随时互动。

在这里我推荐随时互动这种形式。原因很简单，培训时的干货不值钱，能让人吸收的干货才值钱。

现在每个人都有很多微信群，怎么能让你的微商代理跟上你的节奏，就是在培训中不停地互动，让代理互动还可以检查出谁认真跟着公司的节奏在学习。

比如我就在培训中经常用文字打出：

"下面我要放大招了，你们期待吗？"

"公司要有大力度扶持代理裂变，你们激动吗？"

"公司赞助的演唱会，你们想请哪个明星？

"这个问题还有别的答案吗？"

"你遇到过这种问题吗?"

"你听了有没有什么启发呢?"

通过以上的问题,在培训过程中不断互动,可以检测出代理的活跃程度。

当然微商代理毕竟绝大多数人都不是全职,所以有的人在晚上八点半左右还在忙着其他事,或者是要等到把孩子哄睡觉才有时间进群听课,这种情况也很正常。

但评判一个微商品牌发展情况好坏的标准之一就是你有多少全职微商人做你的品牌微商代理。全职意味着他在你的品牌上能赚到钱,才会全职去做。

11.4 培训对象

微商培训的对象主要是中层、下层代理。一般来讲,微商现在比较健康的等级是四级。

各级有不同的作用:一级、二级代理相当于微商品牌方的高层管理人员,其主要作用是批发。三级、四级代理相当于是零售人员,其主要作用是做零售。

其中最低级别的代理,实际上是相当于自用或者送人。而最高级别的代理,实际上相当于传统公司的事业部总监这样的职位。

当然这里所说的各个级别的代理,不包括公司内招期类似于低门槛进入的代理,这种代理,虽然名义上是最高级别代理,但实际上能力上并不匹配。

我这里所说的是真正与能力匹配的各级微商代理。

对做到最高级别的微商代理而言,其实已经不需要品牌方培训,因为这个级别的代理,已经可以做到自己培训团队的人员了。

像我认识的一个微商团队长,年龄也不大,自己整理的培训课相当好,简单实用,代理听完就能用。

品牌方真正的培训对象是众多的中层、下层代理。

培训的内容通常是:

1.技能是基础。

2.赚钱靠思维。

3.做大靠模式。

对于下层代理,培训的内容偏向于技能方面,像是产品知识、微信的各种技巧等。

对于中层代理心态建设方面,要不断地鼓舞激励。

11.5 培训讲师来源

未来所有的公司都将是"培训公司"。

未来所有成功的微商代理都会是成功的培训讲师。

我认识的一个微商团队长，在做微商的早期，因为家境不好，做微商很刻苦，几乎每天晚上都在微信群里培训，或者私聊代理。

哪怕是春节回到北方的农村老家，因为老家的信号不好，就蹲在院子里的雪地上来讲课。

对于一个品牌方来说，如果能有这样的微商团队长，可以省很多心思。

微商讲师的来源有以下几个：

1.微商运营团队专职的培训讲师。

2.外聘的讲师。

3.代理中脱颖而出的讲师。

一个微商品牌前期的培训内容80%来自总部的培训，这里面也包括外聘的讲师，20%的内容来自代理的分享。

品牌发展到一定时间，就反过来了：代理的实际案例分享占80%的内容，来自总部的培训只占到20%左右。

这里面的尺度就是看品牌方的发展情况。

所以品牌方要有意识地从代理中发现一些有讲师潜质的人，并有意识地开办这方面的培训，比如可以单独建立一个培训微商讲师的培训班，在提升代理能力的同时，也提升了代理的积极性。

这里特别提醒，也是传统企业转型微商时很容易犯的一个错误：过分迷信所谓微商大咖的培训。

和传统渠道的一样，外部的培训所起的作用也只是锦上添花，不要指望一堂课，或者几堂课，就能起到让代理脱胎换骨的作用，这根本不现实。

微商的培训一定要立足于自身的力量，俗话说"打铁还需自身硬"，在必要的时候、必要的节点再请行业内有影响力的微商大咖来讲一两节课。

11.6 培训课件的来源

曾经有一位传统企业老板和行业内专卖微商管理系统的公司合作，之后跟我联系说："对方就给了一套系统，和所谓的一些培训课件，再加上一些专业的指导意见，起不到实质性的帮助。"

我告诉他："其实是起到微商扫盲的作用，但给了传统企业一些不切实际的幻想，或明或暗地告诉你，只要和他们合作，三个月以后品牌的回款可以达到百万元。"

至于三个月以后回款没有起色怎么办？不能怎么办！

至于给企业方的那些专业培训课件，我用一个词来形容：垃圾。

一个朋友曾经发了一份打印出来有近两百页的所谓"微商

新手绝密宝典"，里面就是把语音的内容转成了文字，但转的时候也不用心，错别字连篇不说，连语句都不通顺。

这样的资料，在网上一搜一大把。

对于一个品牌方来讲，根本不用发愁找不到培训课件，培训课件的来源主要有以下几种：

1.花钱购买。

可以花钱去加入一些微商社群，像行业里一些人，他自己本身也到处购买资料，然后学习人家的微商策略再加上自己的经验，整合后分享给群里的成员。可以从这类人手里买，几百元就能买一大堆资料。

2.自己整理。

多关注一些行业的公众号，虽然是天下文章一大抄，但毕竟也有像晁伟这样坚持原创的，把一些文章的干货直接整理一下，再加上自己身边的案例，就是非常好的培训资料了。

3.向大品牌偷师。

在行业里有一些品牌做的工作非常细致，这归功于他们在行业里的积累和人员的分工。

像我知道的某微商品牌，据说是起盘三天回款过亿元，有专门做幕后策划的，有专门做成交的。

能得到他们的一些培训课件，对于一个新手代理的成长也是非常有帮助的。

4.直接参加培训课。

微商培训行业里有一些课件还是做得比较实用的，付费是最大的诚意，直接购买就可以。

11.7 培训内容与题目

刚转型微商的传统企业操盘手对微商到底应该怎么培训不是十分清楚，总觉得很神秘。

我就不止一次地被人问："你有没有合适的培训课件？"

只要我们掌握了这背后的规律，也就明白了微商应该怎么培训。

微商借用微信作为一个销售渠道，所以微商的培训只要围绕着这两大方面就可以了：

1.关于微信的运用。

2.怎么利用微信做销售。

如果第一方面的培训还有其特殊性的话，那第二个方面不管你是做微商，还是做KA商超渠道、日化CS渠道、电商，都是一样的。

我记得自己刚开始转型微商的时候，也是到处拜师，去听不同的培训课，参加各种线下聚会，经过各种培训，最后得出的结论：也只是这么回事。

其实微商里关于产品知识、公司文化之类的培训和线下实体渠道的培训是一样的。

所以我把微商的培训按模块划分成以下几个大的板块，一个新转型微商的传统企业，只要按照这几个板块的内容去搜集题目和课件，也就可以迅速积累成自己的培训课程。

为了方便记忆，我把它整理成容易记的以下几点：

1.改头。

就是改变思维方式，本书开头的部分就是关于顶级微商思维到底有哪些。

在市面上搜集关于成功心态的课件，是一定不会有错的，像《不找任何借口》《把信送给加西亚》《成功必有方法，失败不找借口》《把自己激励成超人》等。

学习的五个步骤分别是：看书或听课学习、提炼干货、实际运用、整理反思和培训别人。

所以把市面上关于心态改变课的要点整理成干货，然后有意识地搜集整理微商代理中的故事，就成了题材非常丰富的培训课件。

2.换面。

就是关于微信这个工具的具体运用，简单的像微信头像、昵称、签名、海报墙、广告栏等。

稍微复杂一些的，像分组、群发、微信群的各种工具的运用等。

做微商必备的一些App也可以归到这一类的培训中，像做图工具、美颜工具、多群同步直播工具等。

作为品牌方或是团队负责人，要自己把微商的工具熟练运用，再编成通俗易懂的教材，给代理们培训。特别要说明的是：你所认为的难题在微商那里都已经得到解决了。

微商的一个月相当于传统渠道的一年，所以微商发展了将近5年，相当于传统渠道近60年了。60年过去，还有什么难题是没解决的呢？

所以，做微商不能只待在办公室，一定要多去和圈子里的人沟通。有可能你花了半年时间还没解决的难题，别人一句话就解决了。

3.远加。

就是加粉或是吸粉。

一位微商高手总结出来的微商三步曲就是：加人，聊天，成交。

在所谓的吸粉108招等方法中，对于普通微商代理而言，其实是掌握不了的。微商，线上的靠技术，线下要靠"不要脸"。

对一个普通的微商代理而言，品牌方只要把三招吸粉的方法细节整理后，然后培训给代理，再让代理落实执行就可以，线上互推，线下地推。

像某十亿元级别的微商洗护品牌，老板在一次分享中就讲得很坦诚：我是初中毕业，不懂互联网，所以第一年只做了一件事，就是狠狠地去做地推，通过地推的方式去吸粉。

配合这些方法，再给予代理一定的地推奖励和PK方法，调动代理们的积极性。

4.近交。

就是取得信任的方法。

5.成交之如何发朋友圈。

关于怎么发朋友圈几乎是每家微商培训机构必备的培训课程。

多收集一些发朋友圈的文章素材，自然也就明白了如何发朋友圈。

提醒一点，品牌创始人发朋友圈和普通代理发朋友圈的目的和对象是不同的，作为一个品牌创始人，就要疯狂刷屏，而且内容要充满着自信和坚定。

要给人一个感觉：跟着你做，是可以赚钱的，那些把你删掉的人，根本不是你的客户。

6.成交之如何混群。

现在出现了许多与"社群"这一主题有关的讨论，自己做群主和混别人的群是截然不同的。

特别提醒的一点，免费的群都是无用的。

7.成交之如何群发。

如何用群发的方法，既不引起别人的反感，又能起到传达信息的作用。

群发硬广告,不能太频繁,最多一个月一次,要知道,群发就要冒着被别人拉黑的风险。

对于那些群发的微信朋友,如果觉得有价值的就可以善意地提醒一下,如果不改,可以直接删除。

所以关于怎么群发的培训课件,掌握即可。

8.成交之如何私聊。

关于私聊其实就是各种销售技巧的大集合。

不管是做微商,还是做传统渠道,道理都是相通的。线下面对面的销售好,线上用微信自然也不会太差,这已经和微商没什么关系。

9.裂变。

微商的核心就是裂变,但究竟要怎么裂变呢?

微商品牌方通过两项工作来使老代理裂变出新代理:引流和动销。

10.团队管理。

关于怎么管理团队的培训课件也是一搜一大堆,跟做不做微商没有太大的关系。

不同的是,微商的代理是没有工资的,不能用管理传统企业员工的方法来管理微商代理。

关于团队管理的培训内容,最好是围绕个人成长的技能管理进行培训。

11.演讲。

我曾经花了不少的钱去学习怎么做演讲。

演讲也分为普通演讲和销售讲解,把复杂的事情简单化,培训代理如何做演讲。

12.微商文案。

怎么写微商文案,也有其规律,品牌方把微商文案的写法整理成课件,再教给代理们。

另外微商培训的时间一般是晚上8点到9点之间,培训的时间不能太长,一般20到30分钟就足够了。

一次培训只讲一个知识点,不要讲太多,多了代理不仅不会听,而且也不会去用。

第**12**步

微商精细化运营规划

我是做传统渠道出身的,在转型微商之前做了很多年的化妆品行业和KA大卖场渠道,和大润发、沃尔玛、家乐福等打了很多年的交道。

在做传统渠道时,我所经历的公司基本上都是一些中小型的公司,年回款在10亿元以下,而且都是民营企业。

在民营企业里,最大的特点是:计划赶不上变化。

所以在我服务的公司中,可以分为两种类型:一种是计划制订出来,也制订了目标,而且往往目标制订得都比较高,就跟没制订一样,反正也完不成。

另一种是制订出目标以后，只是掌握了一个原则，比如我曾服务的某家化妆品公司，严格执行一个投入产出比考核制度，以此制度为基础来评判市场申请的促销活动、单店的投入产出比等。

在当时KA渠道是暴利期的情况下，市场做得还比较良性和健康。

随着市场竞争的加剧，行业迈向了微利期，市场也逐步下滑，再加上一些管理的原因，现在市场上已经快看不到这个品牌了。

我反复说过一句话：微商背后的规律和传统渠道的规律现在几乎一模一样了，只不过是利用了微信这个工具而已。

其实，我只是想表达一个观点：对一个新起盘的微商品牌而言，做所谓的精细化运营规划，是相当没必要的一件事。

所以，每次当我看到行业里一些所谓的咨询顾问公司，帮品牌方做出一些所谓的精细化运营计划，而且还在各种大会小会里当作案例大加宣扬的时候，都觉得很可笑。

道理很简单，一个传统企业转型微商时，是没有方向的，用盟主肖鉴锋的一句话来说就是：在最初的半年时间里，转型微商的传统企业连评判对错的标准都没有。

当一家公司的微商操盘手连评判对错的标准都没有的时候，试问，又怎么能做到精细化规划？

所以对绝大多数刚转型微商的传统企业而言，根本不需要做什么精细化规划，只需要掌握一些大的方向性的东西，然后按照做好微商的六个基本前提去做事：人好、货真、价实、想到就做、逢人就说、模式先进。

特别是第四点，真正做到"想到就做"，对于运营中的难题，见招拆招，把做微商的三大阵地最大化地运用好，回过头来才能谈精细化运营。

微商的三大阵地是：朋友圈、微信群、实体地推。

对一个新起盘的微商品牌来讲，如果非要做出"精细化运营规划"心里才踏实的话，可以从以下八个方面来准备：

第一个方面是代理模式决策准备。

1.招商手册。

2.产品手册。

3.代理决策。

4.易于传播的价格表等。

5.做出一目了然的思维导图。

6.微商管理系统说明。

第二个方面是素材号、运营团队与操盘手个人IP打造。

1.品牌方素材号准备。

2.运营团队培训。

3.操盘手个人IP打造。

第三个方面是各种素材准备。

1.品牌整体规划。

2.朋友圈素材准备,最好能准备好一个月的发朋友圈素材,一旦开始正式招商,在一个月内要保证朋友圈素材充足。

3.易于传播的代理决策表。

4.公司通知的模板。

5.百问百答,包括公司与产品的百问百答,微商知识的百问百答。

6.品牌公众号的运营。

7.微商代理合同。

8.产品卖点梳理。

第四个方面是培训课件准备。

微商的培训是一个长期的过程,不是一个短期的冲刺。

在准备阶段,品牌方除了要对微商培训内容做好各种课件之外,为了让新加入的代理能够觉得有收获,要准备好各级代理,不同级别的培训课件。

比如可以准备好:一级代理的培训课件;二级代理的培训课件;三级代理的培训课件等。

代理是哪一个级别,就直接给予哪一个级别的培训。

这样做最大的好处是可以让微商代理安心。

第五个方面是网络背书与准备。

在条件许可的情况下，我都建议我合作的品牌方来做网络背书。

对于一个不熟悉的品牌，人们的第一反应就是查百度。所以品牌方如果能做好网上信息的布局，会让意向代理或顾客对品牌更加信任。

一般来讲，网络背书可以做以下几方面的准备：

1.百度系的布局。

2.各种自媒体平台：微商时代，写文章重要，发文章比写文章重要100倍。

我整理了50个自媒体的平台，微商品牌如果人手足够，坚持在这50个平台发文章，就会被各大搜索引擎收录。

3.各种论坛和贴吧。

4.花小钱投放软文信息。

5.各类垂直分类信息网站：58同城、赶集网、百姓网、八方城、818同城网、云同网。

6.社交社区文库平台：豆瓣、知乎、道客巴巴、360图书馆、百度文库。

但还是那句话：没有做这些准备，也能做微商。

第六个方面是招商与引流准备。

1.人脉的梳理。

2.起盘期代理的内招。

3.招商公开课件的准备。

第七个方面是动销活动准备。

微商也是传统渠道，一样要做动销活动，只是因为代理是个体单位，所以工作要更加细致而已，当然这里要结合自己的产品成本。

第八个方面是内训会准备。

招到第一批的代理以后，就要迅速组织类似参观工厂、旅游等内训会，目的是统一思想认识，增强信心。

还可以让现有代理邀约周围有意向的潜在用户一起参加，办成类似招商会与培训会相结合的会议。

第**13**步

全网布局背书

在一次微商行业的会议上,有人分享了给代理制微商品牌方的建议,其中一个建议就是:做点聪明的内容,文章、短视频、语音、直播等,做全网分发,分发是免费的。

1.文字平台:微信、微博、今日头条、百度百家、搜狐新闻、凤凰新闻等。

2.短视频平台:抖音、快手、火山等。

3.语音平台:荔枝FM等。

4.直播平台:映客、花椒、一直播等。

做以上内容的目的是什么?

是为了取得信任感。

除了蒙牛、娃哈哈等原来在传统渠道就是知名度比较大的品牌外，很多进军微商渠道的品牌基本上都是一些知名度不高的品牌。

微商渠道是把最小的售卖单位由原来的公司或实体店铺，变成了个人的一个渠道，而个体对某一个微商品牌不了解的时候，第一反应就是去网上搜这个品牌的资料。

所以在正式起盘之前，提前做好网上的布局，对于增强意向代理的信任感是大有好处的。

我和直营微商的高手在一起沟通的时候，这位直营微商的高手也提到这一点，就是提前布好"天罗地网"。

"天罗"就是指网上的布局；"地网"就是指直营微商当中朋友圈的打造。

这样当一个意向代理或者意向顾客想了解某个品牌的时候，就可以先从网上查到该品牌铺天盖地的信息。导入到个人微信号上后，又可以通过朋友圈的打造来影响，最后形成成交。

那么，品牌方要怎么进行全网布局背书呢？

简单点就是常说的百度霸屏。

我手上有一份一家推广公司给的百度霸屏细节，我大致罗列一下，可以让想要进军微商的传统企业有大致的印象。

1.官网的维护和优化，目标是优化、维护到百度搜索的前三位。

2.新闻软文：在主流的新浪、腾讯、网易等权威门户网站，地方的权威媒体，通过关键词的展示，将每篇稿件优化到百度首页相关位置展示。

3.百度系：包括百科、文库、知道、贴吧、经验等。通过行业方向、热点事件、与竞品的比较等方法来提升品牌在网络的曝光率。

4.今日头条、搜狐等的新媒体布局。

5.行业网站。

6.视频、博客、论坛等。

现在行业中做百度霸屏的也比较多，选择一家口碑好的公司进行合作即可。

但专业的事交给专业的人去做，真的需要网络背书和引流的话，还是要有专业的人士去做。

行业中对于网络布局和推广方面的人才要求也比较高，一个优秀的网络推广人员都是不断试错、花了很多学费才能培养出来的。

所以要允许网络推广人员来试错。

第**14**步

确定实体微商招商途径

我们前面做了很多的准备工作,最后都是为了招商。只有招商才能为公司带来回款。

微商只是一个渠道,相较于传统渠道,最大的特点是最小售卖单位变成了个人,特别是用了微信这个工具,但其背后的规律还是一样的。

微商是越学越糊涂,越做越容易。

刚转型微商时,我也不断地学习,听的时候,会听到各种让人兴奋的品牌传奇故事:某某品牌,一年做到了几十亿元!某某品牌,一年时间发展了几十万名代理!某某品牌,一场招商会回了几千万元的款!

听的时候,简直觉得做微商如果做不到一年过亿元的回款,出门都不好意思跟别人打招呼。

等自己回到公司真正开始做了,进展却不如预计的那样顺利,心里就奇怪了:怎么别人家的品牌都能那么厉害,我们家做起来怎么就不是那么回事呢?

自从我转型为微商咨询以来,几乎每天都有慕名而来拜访的朋友,这些朋友有的是看了我的文章,有的是朋友转介绍而来的,最多的一天我接待了七拨朋友。

因为来的朋友大都是传统企业的老板,主要是想了解微商渠道的,所以最常听见的问题是:我的产品是如何好,有没有操盘手介绍?有没有微商团队可以介绍?我要投入多少资金才能做这个项目?

这里重点说一下第二个问题。

我给到访的朋友的回复都是:你暂时先死了和微商团队合作的心吧!

可能这个回答对一些朋友来说有些残酷,但这就是事实。我来帮你分析一下这其中的原因,相信从传统渠道里摸爬滚打多年的老板们一听就能明白了。

1.做得好的团队为了既得利益不会冒险接一个新品牌。

2.要崩盘的团队不会去接一个全新的品牌。

3.即便要去接一个微商品牌,仅有好产品的传统渠道老板们话语体系都不对等。

这些道理其实一点就透，但就是因为微商是一个全新的渠道，这些有着多年营销、管理经验的老板们被一些"微商名词"给整蒙了，再看到、听到有些微商品牌一年做到了多少销售额，很容易产生急于求成的想法。

为什么说做得好的团队为了既得利益不会冒险去接一个新品牌？

要知道，微商团队一旦走对了路，发展是非常快的。所以那些团队负责人们找准了一个品牌，赚起钱来，速度是快到无法想象的。

比如我所认识的一个上海负责人姐，自己有近5000人的团队，每月净赚过万元。

再比如我认识的一个团队负责人，是一个漂亮的小女生，买了三套房、三辆豪车，还有几百万元的存款。

让这些团队负责人们冒着放弃原有收益的风险，去帮你做一个新品牌，你觉得有多大的可能性？

那么即将要崩盘的团队为什么也不会去接一个全新的微商品牌？

一个团队要崩盘，在微商里大致有以下两个原因：一是对产品没有信心，产品最终零售不出去导致崩盘；二是对人没有信心，品牌方老板为人让人不舒服，不肯再投入，团队越做越没信心，导致崩盘。

在这两种情况下，你觉得他们会去接一个全新的品牌吗？

最后，什么叫话语体系的不对等？

因为我自己是传统渠道出身，做了多年的KA、商超包场、CS和流通渠道，所以我可以用他们熟悉的传统渠道语言，让来访的朋友们只花30分钟就明白微商是怎么一回事。

比如，微商顶层代理连赢模式，不就是传统渠道里的"招商决策"吗？

比如，微商起盘，不就是传统渠道里"从0到1"的过程吗？

所以我常反问这些来访朋友们："比如您是做某个渠道的，对这个渠道非常熟，我找您来合作，只是说自己有一个好产品。这个时候，您可能就会问未来的规划是什么啊？但我的回答是没有规划，我就是有个好产品。您可能又会问了，那你们准备怎么投入啊？我的回答是没有投入计划，我就是有个好产品。换成你，你会和我合作吗？"

那同样道理，你现在对微商这个渠道连好多名词听着都费劲，你怎么和那些微商团队合作呢？

基本上这番话说下来，来访的朋友们都会恍然大悟。

既然不能和微商团队直接合作，该怎么办呢？

"只做零售，不招代理，做不大；只招代理，不做零售，则做不长。"

上面这句话到了今天的环境，已经不适应了，因为如果你从一开始就没打算做零售，只打算招代理的话，你可能连代理都招不到了。

没有哪一个代理是傻瓜，所以还是先老老实实地做好零售比较妥当。

微商招商也是和传统渠道的做法一样：软磨和硬泡。

在这种新的环境下，对一个从传统渠道转型新零售的企业而言，想发展，想招商，就先不要着急，要有充分的耐心。

第一步：先找到第一个顾客。

第二步：服务好这第一个顾客。

第三步：在服务好这第一个顾客的前提下，把这一个顾客发展为代理。

第四步：教这个代理怎么找到他的第一个顾客。

第五步：重复以上步骤。

特别强调：简单的事情更需要狠狠地重复执行！

当然如果企业有足够的资源，那就可以"硬泡"了：

1.自媒体公众号投入广告。

2.百度霸屏。

3.参加各种展会。

4.各路自媒体大咖的站台背书，包括朋友圈的转发。

5."银弹攻势"转化成型的团队，用龚文祥老师的话来说就是：要像追女朋友一样来追团队领导。

微商以人为中心，这句话也完全可以用在微商的招商上。

微商与实体现在已经真正不分家了，可以说，微商是实体，实体也是微商，实体与微商已经没有明显的分界线。

现在不管是大企业还是个体经营者，都会让顾客扫码添加自己的微信，然后进一步转化成交或者形成复购。依照这个趋势来看，微商可能会成为未来所有商业的统称，微商可能是未来所有商业的底层架构。

所以微商的招商途径一定要和实体相结合。

我有两个真实的案例。

第一个案例是某品牌的儿童保温杯，几乎没有复购率，但是这个品牌借助婴童服装店这个渠道，一年时间回款数亿元，但不是微商里常说的流水。

第二个案例是一家做汽车用品的公司，在线下有着近千家的汽车4S店资源，如果要做微商，会怎么做呢？

一般人肯定会想：当然是继续做汽车用品。

Sorry，你错了。

做枕头，做高品质的枕头微商。

思考逻辑如下：

1.再次提醒：微商是基于人，而不是基于产品的行业。

2.汽车用品的用户都是司机，对于这一点应该是没有什么异议的。

3.如果继续做汽车用品，当然不是说绝对不行，但线上、线下容易形成冲突，汽车用品的复购率又很低，不符合微商选品的逻辑。但如果从人的角度来考虑呢？开私家车的司机，绝大多数都有颈椎问题，如果出一款睡眠时可以用来调节颈椎的枕头，起盘做微商，是不是很有前景？

事实证明，相当可以。

这一款微商产品让这家公司的营业额提升了不止5倍。

微商思维是基于人，而非基于产品来考虑！

对于新进入微商的传统渠道老板，我经常讲同样一段话："打开你的微信，有多少好友？又有多少是专职做微商的？可能你的微信好友都是你的亲戚、同学、朋友、同事，不要说发展他们做代理了，你就是发一个关于微商的朋友圈，这些人都有可能把你屏蔽了。"

但是那些做微商做久了的朋友，可能他的微信好友不到3000个，但60%的好友，也就是近2000个好友可能都是做微商、带团队的。

如果要起盘一个微商，真的可能是躺在床上，拉一个群，一晚上就可以收近千万元了。所以不要羡慕别人家的品牌了。

微商招商的具体途径，从以下四个方面着手：

1.从身边的一度人脉资源和二度社会人脉资源入手。

2.老代理裂变新代理。

3.会销。

4.借鉴微商直营模式的付费引流。

第 **15** 步

微商招商之最大化地利用自己的人脉资源

我记得我刚开始转型微商时，走了很多弯路，其中最大的一个弯路就是招第一批代理时遇到的。

我去参加了很多培训，听的时候很激动，回到办公室里整个人都是蒙的，连东西南北也分不清，其中最大的困惑就是：到底怎么样才能招到微商代理？

我记得当时我去请教了很多微商大咖，以下几种说法我相信刚开始做微商的朋友也曾听到过。

"做微商你先准备上百万元，该花的钱一定要花，微商裂变起来是很快的,如果不成功,亏了,你就只能认命。"

"做微商,不难啊,我只要找十个合伙人,一人收十几万元,加起来的资金也过百万元了。再通过这十个人帮我去招下一级的代理,中间等级多一些,这样容易裂变,起一个盘不是什么难事。"

"起盘会议前,要提前与合适的团队沟通好,再邀请一些明星,找一些微商大咖助阵,一场会收几千万元是常有的事。"

"我就躺在床上,拉了一个微信群,找了几十个自媒体大咖帮我统一发朋友圈宣传,当然要给人家费用的,毕竟别人也要吃饭。一晚上我收了几百万元。"

这些说法听起来好像是一回事,但做起来就很困难。

这个问题直到我做微商半年后才慢慢地悟出来。

一个品牌也好,个人也好,真正的核心竞争力不是什么产品、品牌定位、模式,这些东西你的竞争对手可以在很短的时间内模仿出来。

真正不能模仿的核心竞争力是:时间的沉淀。

在别人眼里,我也算是一个"微商大咖"了,在微商圈子里待得久了,我发现基本上微商大咖们来来去去都是那一些人,没有几个新鲜面孔。

做微商做了有一段时间的,特别是老微商人,一般来讲,微商号都有好几个。微商好友中专职做微商的比较多。

自己如果起一个微商新盘，借助以往的影响力，就有可能迅速地招到第一批的代理。如果招到的代理还有自己的小团队，那起盘就更迅速。

但对一个原来没有做过微商，特别是对原来做传统企业还有一些基础的老板朋友们来讲，打开微信，都是自己的一些亲朋好友、商场上的伙伴等。

这些朋友，不要说让他们做微商代理了，就是在朋友圈发一条关于微商的信息，都有可能让人觉得你是不是混不下去了，要去做微商？

所以沉淀不同，微商招商的方式就不同。

对绝大多数的中小企业，或者个人创业者来讲，微商招商的第一种方式，也是最主要的方式一定是：充分利用自己周围的一度人脉资源和二度社会人脉资源。

第一批的种子代理来源，我们要采用最笨，也是最有效的方法：列资源法。

1.拿出纸和笔，列出你能想到的所有人脉资源：你的微信好友、手机通讯录好友、QQ好友、好朋友、闺密、兄弟、同学(大学同学、中学同学、小学同学)、同乡、亲戚、以前的同事或领导、新老客户。

当然其他还有，无论如何先列出来。

当你没有列出来的时候，你可能会觉得自己一无所有。但当你列出来以后，你会发现，原来可用的人脉资源还是挺多的。

这些就是你最初的种子代理资源了。

2.把这些人脉资源按可能性分出等级,分出跟进次序,找出哪些人最有可能成为你的代理。

微商有一个不成文的规律:凡是你认为会成为代理的,都不会成为你的代理,但只要你坚持下去,奇迹就会发生。

不管怎样,还是要根据自己的推测和判断来列出谁最有可能成为代理。

3.开始行动,跟进重点人脉。

对这些重点人脉要讲究跟进方法和频率,对微信的好友来讲,不要放弃一个你跟进次数低于10次的人。但如果跟进了10次还没有成交,你就可以放弃了,十有八九,成交是没有希望了。

跟进方法也不能每次都用同一种,要采用不同的方法。

写到这里,又要涉及微商的操盘手了。

请微商操盘手的大企业往往还不如从小做起、老板自己操盘的小公司发展快。

正因为微商招商的第一种招商方法是充分利用自己的一度人脉资源,一个微商操盘手要了解公司、了解产品、了解老板人品后才会决定是不是可以长期合作下去,所以一般不会把自己的人脉资源贡献出来。

实际上这里面的"坑"也挺大。

我早期负责的一个微商盘,是做所谓的"减肥瘦身"产品,实际上就是只有润肠通便功效的一款产品,给一些朋友吃过后,不要说减肥了,有些人反而增重了一斤。

所以如果全力推这种产品,会损伤了自己的人脉。

但如果是老板自己来操盘,因为是自己的事情,做不好公司就要倒闭,他会把自己周围的人脉资源最大化地利用起来,成功起盘的可能性反而比较大。

越来越多的传统企业进入微商,这些企业老板周围都有一些上下游的老板朋友们,让这些类型的朋友支持一下,拿个代理可以,但你要让他们这个群体去给你发朋友圈,学着做微商,那基本上是不可能的事。

那怎么办呢?

我在给一家品牌做咨询辅导时,根据品牌方的情况做出了解决方案。

方法就是:

1.只要贡献出老板朋友自己的人脉资源就可以了,比如他自己工厂里的员工等。

2.由品牌方进行后期的转化。

3.老板朋友自己设立一个专做微商的号,按照模式制度招募下级,推荐平级。这个微信号按模式制度该怎么赚钱就怎么赚钱。

4.每个月按所赚的钱,拿出30%的比例进行分红。

5. 按参与员工贡献大小按比例分配。

这样公司的员工就会赚三份钱：自己本来的工资、做微商代理赚的钱、分红。

赚钱多了，稳定性自然也高了。

第**16**步

微商招商之老代理裂变新代理

微商品牌方招商的第一种方式就是充分利用自己的人脉资源和自己的二度社会人脉资源。

一般来讲，只要品牌方老板的名声不是很差，总能找到一些认同自己理念和产品的亲朋好友作为自己第一批的支持者。

这里就会涉及一个所谓的"打头、打中、打底"。

打头，就是从顶部代理开始收。

打中，就是从中间代理开始收。

打底，就是从最底层的代理开始收。

微商的顶层代理模式是根据拿货量来决定代理级别的，所以最高级别代理拿款是最多的。

所以，条件允许的话，当然是从最高级别代理开始收。假如一个代理能收几万元，能收到50个人的钱，就能有一笔过百万元的资金。这不是简单的数字游戏，确实是有挺多的微商品牌就只是收了几个最高代理的钱，就去生产产品的。

我知道的某品牌，起盘之初就是找到3个代理，每个人拿了十几万元出来，合计收了几十万元就开始生产产品了。

只有顶层代理级别收不到了，才退而求其次从中间代理收起，比如，中间代理每个人收个几千元，收到100人的钱，也收了将近百万元。

如果连中间级别的代理收款也不好收，就只能从底层代理级别收起了。

在微商的模式中，最底层的代理买了产品，一般是自用或送人的，只有几百元。

从最底层代理开始做，就要先让这些代理成为忠实的顾客，再从中发展出想创业的人，把这些代理逐步升级，从小代理逐步升级到大代理。

应该说，从最底层代理开始，是没办法之中的办法，靠建立口碑的方法来做微商是比较慢的。

我辅导的一个化妆品品牌，就是从最底层的四盒面膜开始推广，然后逐步地推出新品，经过一年左右的发展，也有近2万名代理，每年能做到数千万元的回款。

但从底层代理做起有一个很大的问题就是：在成为你代理的人群中，绝大部分是宝妈等没有从事过销售的人，换言之，不是职业微商。

因为辅导的微商盘多了，我也总结出了一个基本规律：就是2∶6∶2规律。

大概意思是：在成为你代理的人群中，有大约20%的代理是你无论怎么动员，他都不会主动的，他们可能就是自用，或者拿了一次货卖不动就再也不拿货了。

有大约20%的代理是你不用怎么去鼓励，都会很积极、很主动地去分享，去发朋友圈，去做地推等，是真的把微商当作一份事业去做的。

中间60%的代理就是属于"墙头草"，当然这里只是一个比方，如果品牌方的激励与管理到位，这批代理就会动起来，如果管理不到位，就会慢慢沉寂。

再加上微商就是靠微信在联系，与以前传统企业管理员工的方式不一样，所以很多品牌微商起盘一段时间后，就会气急败坏地跟我讲："现在这些代理都不怎么活跃了，在群里也不讲话了。"

其实我们做过一个非正式的统计，就是一个群的活跃度基本上能维持一个月就已经算是不错的了。

从品牌方的角度来看，怎么才能让微商老代理主动裂变新代理呢？

答案是两个字：折腾！

微商品牌方的运营团队一定要明白一个概念：微商代理与原来传统的实体代理是有极大不同的，如果品牌方有一段时间没有动静，代理们就更加没有激情了。

怎么折腾呢？

1. 引流。

2. 动销。

3. 旅游。

4. 培训。

5. 演唱会。

6. 沙龙。

7. 地推。

8. PK。

9. 百人团队大战。

10. 微信群裂变等。

微商行业里做得比较大的一个化妆品盘，每年有四次大的动作：上半年一档引流、一档动销；下半年一档引流、一档动销。

关于微商品牌怎么做引流和动销，后面会有专门的章节来介绍。

总之一句话：反正不能让代理闲着，一定要不停地折腾，而且要善于利用微信这个工具来进行折腾。

这其中经过实践，我总结出了"微信群裂变疯狂成交六步曲",简单、落地、实用,代理听了自己马上就可以开始做。

复杂的人不简单,复杂的事不好做。

只有简单的模式才能让代理复制,也才能真正起到效果。

16.1 设计出一款"秒杀产品"

做什么事都要循序渐进,不能一上来就给意向代理推荐高的代理级别,一开始得先让朋友注意到你。

"秒杀产品"的目的就是引起潜在顾客或意向代理的兴趣。

所以,"秒杀产品"要有三个特点:

1.一定要能吸引到人才可以。如果一开始就吸引不到人,后面的活动也就很难开展。

2.设计出的"秒杀产品"要和想要主推的"利润产品"有一定的关联性。

3."秒杀产品"一般不要超过一个红包的钱。微信红包的限额是200元,所以对于200元以内的金额,顾客一般不会有什么感觉。当然金额低些对顾客会更加有吸引力。

至于到底选择什么样的产品作为"秒杀产品",每家微商品牌的情况不一样,选择自然也就不一样,这个要根据自身情况而定,不能简单地生搬硬套。

16.2 借势宣传

设计好"秒杀产品"以后，就要吸引你现有微信上的好友了，也就是得让你的微信好友注意到你。

怎么做呢？

当然是最大化地利用好微信这个工具。

微信成交有四种手段：发朋友圈、混群、群发、私聊。

因为我们的目的是建群，所以可以充分使用两种方法——群发和发朋友圈。

关于怎么样正确地群发，是可以单独写一篇文章出来的。

至少先明白以下几点：

1.群发一次，就要冒着被微信好友拉黑的风险。

2.群发每月最多一次。

3.要群发就群发硬广告，别群发一些"早安"之类的话。

4.群发一定要能给群友提供价值。

要想做好微商，就要把原来"卖货"的思维变为"经营人"的思维。

按照上述的标准，再根据自己产品能提供给顾客的价值，编辑出群发信息，选择适当的时间点，群发给好友。

随着每个人微信好友越来越多,朋友圈的功效也有被弱化的情况,但还是要把朋友圈打造好。

1.朋友圈发"秒杀产品"信息,每一小时,甚至每半小时发一次,为了不让你的微信好友感觉到你在刷屏,发这一次的时候,把上一次的删掉。

2.在朋友圈不断地发有多少人进群了,也和上面一样,不停地发,不停地删。

16.3 拉人进群

经过设计"秒杀产品"和借势宣传后,你的微信好友就会有人因为感兴趣而进群。

进群之后要做好以下动作:

1.为你的秒杀产品找一个高大上的理由。

2.讲清楚秒杀产品是什么。

3.讲清楚秒杀时间。

4.反复在群里发提前编辑好的秒杀规则。

5.反复在群里塑造"秒杀产品"的价值。

16.4 设计"裂变产品"

这也是微信最有魅力的地方，就是通过微信群可以迅速地让我们认识到许多新朋友。

这个时候，要再设计一款"裂变产品"，目的是让已经进群的用户再帮我们拉人进群。

别人为什么要帮你拉人呢？

答案当然是"利益"。

简单讲就是：你帮我拉10个人，我就送你一件有吸引力的礼品。

这里有一个操作的小细节，就是要在群里不断公布已经邀约够人数的朋友截图，发到群里，以引起更多的人往群里拉人。

比如，在群内这样说："恭喜某某，成功邀请10位朋友进群，获得价值多少钱的礼品一份。"

然后，把他跟你的微信聊天截图发到群里面，一会儿又有人邀请成功了，于是再接着恭喜。

这样一轮一轮地操作，只要有人邀请成功了，就在群里不断公布。

16.5 启动秒杀

启动秒杀就比较简单了，就是通知大家准时参加。

微商里有一句不是玩笑的玩笑话：微商里没有什么难题是一个红包解决不了的，如果有，就再发一个，如果还有，就一年发180万元的红包。

在启动秒杀前，要不断地发红包来引起大家的注意，直至开始正式秒杀。

16.6 后期成交"利润产品"

上面几步所做的目的并不是赚钱，而是迅速裂变吸粉，并培养用户信任。

对微商品牌方而言，整体策划好此类活动，帮代理准备好"秒杀产品"和"裂变产品"，就当是推广费用了，代理就可以迅速执行，哪怕是只有100名代理也可以迅速裂变100个群出来。

后期在群里可以发展出自用型的代理，再慢慢升级成高级别代理。

这个过程全部是通过微信完成的。

微商招商之会销

德国哲学家戈特弗里德·威廉·莱布尼茨说："这个世界上没有两片一模一样的树叶。"但人们又说："太阳底下没有新鲜的事物。"

人逃脱不了生老病死，这辈子的主要活动无非是衣食住行。但人们仍旧是在这太阳底下有滋有味地活着，而且每个人都可以活出每个人的精彩！

这是因为每个个体都是不相同的，所以每个人的生活也是不相同的，即使是相同的出身、相同的家庭和教育背景，但每个人的性格不同，也会走向迥然不同的生活道路。

所以我曾经对来访的两位朋友说："微商的规律就是没有规律。"

当时来访的两位朋友很有代表性，都是新加入中国微商界高端人脉圈子社群触电会的两位朋友：一位是做了多年微商操盘手，自己也带领团队的朋友，月流水曾经可以做到数千万元；另一位是对微商还有小小偏见，老是担心自己一发朋友圈就会被朋友们屏蔽的传统渠道朋友，但想通过微商做一款品质非常好的产品。

他们都想起一个微商新盘，但都遇到了一些困惑。

虽然他们想问的具体问题都很多，但总结起来就是一句话："我要起盘做微商，需要遵守哪些我不清楚的规律？"

我的回答就是："没有规律。"

这绝不是故弄玄虚，恰恰相反，这是我做微商咨询顾问行业以来，结合自己已经给几十个微商品牌成功起盘的辅导经验所总结出来的。

因为每个人都不相同，你所处的人脉圈子自然也不相同，所以你的做法更不能相同。

就像小马过河的寓言故事一样，适合别人的可能不适合你，你自己用得得心应手的，别人未必能像你一样。

微商招商也是同样的道理。

微商的四种招商方法，会销可以说是最常用的方法。

微商行业里也有非常成熟的会销公司，专门帮助品牌方或微商大团队来做会销。所以我这里不是写怎么做会销的，只是想让传统渠道起盘微商的朋友们对微商会销的方式有一个框架的了解。

真正执行的时候可以自己做，也可以请行业里专业的会销公司来做。

微商运用会销的方式来招商，主要有以下几种形式：

1.线上微信群招商课。

2.线下会销之沙龙会。

3.线下会销之招商会。

4.线下会销之裂变会。

17.1 线上微信群招商课

微信这个划时代的工具有两大阵地：微信群和朋友圈。

利用微信群，可以产生一对多，几何级数的裂变，这里面的做法就是利用微信群开展线上的招商公开课。

浙江某微商找我做战略咨询顾问，我结合他们的资源做了一个方案，没有找以前的微商团队，而是拉泛粉开公开课，把公开课的每一个环节精雕细琢，并写出了1.4万余字的公开课详细内容。

这里公开一下我为他们写的提纲：

某微商公开招商大纲

第一部分:

主讲人自我介绍:我是谁?我来这里干什么?

第二部分:

酝酿情绪,为下文做铺垫:新年如何挣到更多的钱,实现自己的愿望?

第三部分:

过渡到正文。

第四部分:

微商是"草根"逆袭最有效的一个途径,成功的团队领导收入很高。

第五部分:

我们在招的就是高位代理。

第六部分:

微商的本质是线上销售渠道,发展快、潜力大。

第七部分:

当下的创业风口是微商。

第八部分:

为什么说微商是风口?

第九部分:

微商怎么做能挣钱:跟对趋势、跟对团队以及要有能赚钱的模式。

这一部分着重分析以下这三大点。

第一点:做微商想挣钱,要跟对趋势(通过以下方式说明,并得出结论:某微商就是符合趋势的)。

大健康是趋势,因为符合人们需求。

1. 通过互动提问,让大家回答当下什么产业是最具有市场潜力的?

演讲过程中跟大家互动,总结大家的答案。

2. 介绍此品牌就是跟大健康相关的行业。

3. 身体最脆弱的是眼睛。

4. 提问并总结答案。

5. 为什么眼睛最脆弱?医学研究表明眼部是我们人体很脆弱的地方。

6. 眼睛很脆弱,但眼睛承受的压力也很大。

2004年至2016年眼疲劳人群从12%骤增至77%,呈现直线上涨的趋势。

70%以上的人群每天在经受眼部问题困扰。

结论:中国目前90%以上眼部疾病,都是由于长期眼疲劳引起的。

7. 中国的护眼市场很庞大。

8. 介绍某品牌护眼贴。

总体介绍、优势介绍：有效缓解眼部疲劳，价格亲民。

得出结论：人人都需要护眼好产品，人人都用得起此品牌护眼贴。

最后总结开始提出的问题：做微商要跟对趋势，此品牌的产品类目是符合大健康趋势的。

第二点：做微商想挣钱，要跟对团队：介绍此品牌，突出此品牌的专业、实力。

1. 该品牌的历史、地位。

2. 该品牌受到各界人士的关注和支持。

3. 该品牌的团队专业。

4. 强调该品牌的八大系统。

第三点：做微商想挣钱，要能有赚钱的模式。

1. 该品牌微商为什么采用的是代理制模式。

2. 该品牌微商代理等级。

3. 成为该品牌代理后的奖励决策，重点讲述成为董事后的收益：成为董事后的收益包括董事的推荐奖励，董事累计推荐奖励决策，董事销售返利决策、招募合伙人的收益、平级推荐奖励。

强调：一箱代发货，包邮。

第十部分：加号咨询，招商对象对主讲人表示感谢。

第十一部分：造势刷屏，把最后的节奏推向高潮。

其实，单是以上的公开课大纲都已经秒杀绝大多数微商品牌了。

作为一个新起盘的微商品牌，一定要善于利用微信群的线上公开课的形式去做一对多的成交。

17.2 线下会销之沙龙会

某精油品牌，2016年起盘，2017年回款数倍资金。

他们是怎么做的呢？

没有造势，没有打造个人IP，没有暴力刷圈，没有开明星演唱会，没有请会销大师现场招商成交，更没有开裂变会。

就只有一招：开5个人左右的沙龙会。

我去拜访的那天，刚好碰到他们在开沙龙会。

老板跟我讲："晁老师，今天人来得有些多了，有10个人，人一多就不容易走心，最合适的人数是5个人。"

这个我们暂时也学不来，因为早期起盘他们有直销的底子，而且植入了教练技术。发展的4万多名代理绝大部分集中在深圳这个一线城市，这也颠覆了微商在三线、四线、五线、六线城市才有发展的结论。

从一定意义上说，微商就相当于用微信做直销。

直销公司最善于开线下沙龙会，所以微商品牌方能把沙龙会这一招用到极致，也会取得很好的效果。

开线下沙龙会最好能和教练技术结合起来做。

17.3 线下会销之招商会

微商的线下招商会和传统渠道的招商会基本上就一样了，不同的是微商的招商会更多是利用微信这个工具来进行邀约，比如可以利用微信进行多级裂变邀约。

微商品牌方经过第一阶段，把自己身边的人脉资源都动员起来，已经招到了第一批的代理。

这些代理中，大约有20%是真正把微商当作事业去做的，这个时候，就可以根据代理比较集中的区域来进行线下的招商会了。

但特别要提醒的是，别人家的品牌一场招商会收多少款跟你一点关系都没有。

曾经有一家刚起盘的微商品牌，经不住一些会销公司的忽悠，也幻想着能通过一场招商会收几百万元甚至上千万元的款，就在起盘之初打了几十万元会销费用过去，结果惨淡收场。

当这位老板跟我讲这件事的时候，我告诉他："你的积累不够。会销公司不是万能的，一定要根据自己的条件来决定是否与会销公司合作开展线下招商会。"

有的公司培训讲师的力量比较强，前几场招商会与专业会销的公司合作，摸清了套路以后，自己也可以组织招商会了，这在传统行业的渠道中很常见。

17.4 线下会销之裂变会

裂变会是微商渠道里独有的，也正是因为有了微信这个工具才有了实施裂变会的可能性。

刚转型微商的朋友往往对招商会和裂变会分别不清。

1.招商会针对人群：你不是我的代理，来到我的现场，通过现场的声、光、电、气氛的营造来让你成为我的代理。

2.裂变会针对人群：你已经是我的代理了，但因为"张不开嘴"和"不知道怎么说"这两个原因，所以销售能力不强。

所以，裂变会就是把代理集中起来，一般是两天一夜，上午讲理论，下午、晚上实操，通过现场分组PK，现场激励、教导代理们成为"超人"。

再配合品牌方的促销、裂变决策，一般来讲，裂变会的促销力度应该是平常的一倍，而代理升级的门槛一般是平常的一半难度。

专业的裂变会也有专业的会销公司去做，这里我分享一个我经常在裂变会上用的小游戏。

设想以下的场景：

在一个大厅里，你和来自全国各地的、原来素不相识的小伙伴们分到了一组，有男有女，此为背景。

大厅里灯光暗了下来。

音乐是舒缓的背景音乐，音量不小，但足以让你能听到自己对面的人在说什么。

一男一女两两相对而坐，特别强调一定要看着对方的眼睛，要求用心记住对方所说的话。

用缓慢的语气，互相告诉对方以下问题的答案：

1.我是谁？

2.我来自哪里？

3.过去的一年我做了什么？

4.过去的一年我最感谢谁？

5.过去的一年我受了哪些委屈？

6.过去的一年我觉得最对不起谁？

好了，时间到了，大厅里的灯光明亮起来，音乐声也渐渐止息，请上台来分享你和对面的小伙伴们用心交流的感受。

不知道有多少位朋友参加过类似的会，可能看到这些文字也不会产生很深的触动。

但在现场，几乎所有人都哭得像个泪人一样。

这里的"所有人"也包括我自己。

之所以会有"微商裂变会"这种"新而不新"的会销形态存在，也是随着微信这个工具而产生的。

微商裂变会的基础是：某个微商品牌方已经有了一定数量和级别的微商代理，而不是纯粹从零起盘。

因为微商招收代理绝大部分都是先从自己的身边资源做起，而这些人其实即便做了微商代理，也会因为以下两种情况而产生不了销售：

1.心理上张不开口，总觉得不好意思去成交别人，尤其是不好意思成交周围的朋友。

2.技巧上不知道怎么做。

所以首先要突破心理这一关。

人什么时候最容易突破自己心理这一关呢？当然是在心理最脆弱的时候，所以裂变会游戏的目的就是要使参加的代理突破自己心理这一关。

其他的很多类似的游戏也是如此。

在微商裂变会里的游戏大致可以分为以下几大类：

1.破冰游戏。

2.沟通游戏。

3.创新游戏。

4.团队游戏。

5.激励游戏。

在微商裂变会中,巧妙地结合各种方式来调动现场的气氛,让人哭、让人笑、让人兴奋、让人失落等,都是为了能让来参加裂变会的代理们突破心理障碍。

再结合微信这个工具,场内成交场外,起到裂变和直接零售的作用。

第**18**步

微商招商之付费与免费引流

几乎所有的微商品牌都缺流量。

微商品牌方在完成初期的起盘代理以后,以后所做的工作主要就是围绕着三点展开:引流、动销、培训。

引流的目的是快速增加代理人数。

粉丝数量对于微商的重要性不言而喻,没有一定的粉丝数量也谈不上做微商。

对于刚转型微商的传统企业品牌方而言,掌握一些容易上手的引流方法,才能在度过起盘期利用熟人资源招到第一批的种子代理后,有发展的后劲。

18.1 抖音等自媒体引流

以抖音为主的自媒体平台作为最火的引流渠道,如果品牌方有运营团队却不用这个渠道引流那就太浪费了。

关于怎么用抖音引流,市面上已经有很多专门培训的课程,这里只是把抖音课程的规划框架列一下,建议品牌方组织专门人员去寻找这些问题的答案。

1.抖音红利有哪些?

2.零基础如何快速实现3000万粉丝?

3.抖音新手开始怎么做好自己的定位和账号实操?

4.如何拍摄抖音视频,提升格调?

5.抖音怎么养号?

6.抖音喜欢什么样的创意和爆款视频?

7.抖音热门数据究竟是怎么计算的?

8.抖音怎么玩好粉丝互动?

9.抖音怎么变现成交?

10.微商品牌方怎么打造抖音矩阵?

11.抖音运营团队的建立与职责是什么?

12.玩抖音有哪些技巧(比如设计图文影集、音频、分屏展示、字幕变化)?

当然了,现在自媒体的发展是各领风骚三五月,引流也要趁早。

18.2 1元引流

我曾经帮一家品牌策划过1元引流活动,适用于微商团队刚起步的品牌,狠狠执行,可以快速组建本地的微商团队。

第一步:通过发朋友圈、发群发消息、打电话等方式发布"1元送48元尊贵沐浴露"消息。

主题:1元送48元尊贵沐浴露(以下简称"1元送"活动)。

活动细节:交1元,每天发6条朋友圈,连发两天,即可领取市场价格为48元的尊贵沐浴露一瓶(美发店等特通渠道有售),同时,大批量购买的话,还可以享受代理拿货的优惠价格待遇。

第二步:快速组建百人团队。

发动身边至少10个朋友参与"1元送"活动,1元交给你。

检查朋友发的第一条朋友圈后,私聊以下话题:

1.你想不想做微商?

2.你想不想建立自己的百人团队?

3.再让他们推荐自己周围的10个朋友参与。

要注意,品牌方需要提供一份标准文案,让代理、粉丝、顾客可以直接复制、粘贴发朋友圈,不要再让他们自己去想文案。

第三步:快速成交预热。

把受到吸引的人都拉到一个群里,群满100人后,公布"1元送"活动细节。

1.付9.9元邮费即可得到价值48元沐浴露。

2.沐浴露图片、文案由公司统一提供。

再公布抽奖细节:

1.明晚还有抽苹果手表活动。

2.标准文案由公司统一提供。

3.发苹果手表图片和视频到群里(由公司统一提供素材)。

需要注意的是,群成员太多是不容易成交的,所以要再分群。每个群里不多于45个人,其中包括15个老代理(统一组织),30个参与"1元送"活动的人。统一组织15个老代理进入主要的活动群及分群。

也就是说,原来建的110人群(10个直接拉的朋友+间接推荐的100人),分成了三个群。

第四步:快速成交。

1.在45人群,规定时间讲解产品知识,特别强调旺季已经到来,引起群员兴趣。

2.298元加入可以享受福利：微商新人到大咖真正落地系统培训（在手机上可反复无限次数学习）、百人社交圈、本地沙龙会交流、价值298元产品礼包、每两个月领取一瓶沐浴露或洗发水。

3.快速成交决策：第一名付款减100元，只需198元；第二名付款减50元，只需248元；第三名付款减30元，只需268元。

第五步：重新拉群，抽奖。

1.交了298元的人，重新拉群。

2.与你的上级沟通好，满100人抽奖。

3.抽奖方法：发一个红包，金额最高者中奖。

第六步：后续动作。

1.监督代理使用产品并要求做分享。

2.让所有交了298元的人再重复第一步到第五步的动作。

3.实现几何级数裂变。

这里列举几个有效的朋友圈文案，以供大家参考。

文案1：

1元创业基地全面启动，欢迎加入！

——这次a品牌只收300名！报完截止！

文案2:

1元创业基地全面启动,欢迎加入!

——如果你想了解互联网+如何创业! 一定不要错过这次a品牌进群机会! 一定让你全面体验不一样的互联网+。

文案3:

1元创业名额300位。

1元免费创业平台开放后,大家都在抢占名额!

如果你见证了新人微商创业过程中的点点滴滴,也想跟着新人加入微商创业,可是又怕自己从来没有做过,不知道能不能做好! 现在机会来了,继续接受1元创业名额!

备注:想要创业直接私信我,1元创业报名!

文案4:

如果你连1元都不敢尝试,你连失败机会都没有!

点赞第11,22,33,44名! 新人一对一全程扶持创业!

这次1元创业基地! 新人仅收20名! 整个团队只有300个名额!

文案5:

1元创业基地全面启动,欢迎加入!

1元创业基地你能得到什么?

(1)最全面、最系统的微商课程。

（2）持续15天，老师手把手教你如何发朋友圈。

（3）2天可以免费拿到200ml的进口原料沐浴露。

（4）可以全面了解我们的团队以及我们的产品，最重要的是这个季节，就是创业的时候。

想一万遍不如行动一次！

上面的引流活动，在实际执行中，狠狠去执行的团队一周时间，就吸引了数百人。

而没有去执行的团队，就只是一笑而过了。

越了解微商，越觉得不难，难就难在不去做。

18.3 9.9元引流

我感觉很多微商并没有认真在做业务。别人加了你，你也没跟人家说过话，没建立过友情，没交流过，天天刷朋友圈，别人不删除你就已经不错了。你竟然还指望对方买你东西？

那微商销售的正确逻辑是什么呢？

先加上好友，有空就给对方的朋友圈点个赞，评论下，问候下，然后送个9.9元小礼物，让好友给你付一次钱。如果好友收到礼物感觉还不错，后续转化难度就比较小了。

这样才是正确的逻辑，所以裂变一定要有，如果没有裂变就想要转化，那基本是不可能的。

其实这也是为了后续的转化做一个铺垫。

9.9元引流其实也是一样，就是先用金额较小的钱与顾客产生联系。

太复杂的引流方法，代理根本学不会，所以引流方法一定要简单。

微商只要复制朋友圈，群发好友，收钱下单，这简单的三个步骤，就可以实现引流。

品牌方可以通过试用共享纸巾机或者体脂秤、付费推广的方式来引流。

团队长只需要混群，并在共享纸巾机或者体脂秤或娃娃机一类的公用工具上推广二维码，获取泛粉流量。用流量去吸引小代理，解决小代理的动销问题就可以了。

小微商就选择一个有流量的代理。其实最好的引流方式就是地推，成本2元左右。

这里列举了一个微商行业里面做过的爆款引流+转化的全步骤。

全步骤如下：

第一步：朋友圈造势宣传。

注意：做任何活动都需要先预热朋友圈，预热的步骤一定不能少。

第一条预热方案:金秋八月重磅福利马上开始(然后配上广告海报)。

第二条预热文案:我掐指一算,你一定缺少一款××。每月一次的福利活动,给你们最大的优惠。

点赞,然后评论:我要。我会挑第18位以及第88位免费包邮送给最爱的你们!

第二步:群发。

一般不要轻易群发,因为群发一次就冒着被人拉黑一次的危险。

第三步:次日开奖,兑现承诺!

如果朋友圈中出现了承诺,比如点赞送礼物,一定要兑现承诺,并且跟客户索要地址,把客户索要地址的截图对话在公布朋友圈以后也发出来,表示活动的真实性。

第四步:对于没有免费得到引流产品的客户,引导付费。

付费才是最大的诚意,哪怕是一点小钱。

第五步:当客户咨询如何领取的时候,可以参考以下方式。

亲爱的,参与方式如下:

1.成功推荐两名女性好友加我,只需支付35元即可领取。

2.支付45元领取,不需要推荐好友。

3.两人以上即可拼团成功,以35元领取,不需要推荐好友。

4.领取多个,每推荐成功两名女性好友35元领取一个,推荐四名,领取两个,以此类推。

5.推荐两名好友加我微信,付运费和人工打包费共计35元领取,这35元存在我这里,以后找我买东西直接抵现35元。

6.在××家购买任意套餐(或者你的要求),即送明星同款小白鞋。

想要35元包邮领取,那么必须要给你推荐两名好友,这样你就可以通过这个方法裂变好友。

为什么设置两名好友呢,大家可能会觉得门槛好低,但正是因为门槛低,推荐两名好友很简单可以达成,好友们都会愿意为你推荐,如果设置太高,效果就会大打折扣。

而且如果他转发朋友圈,肯定不只两名好友能看见你的推广,到时候受到广告吸引来加你微信的可能有20个人呢。

不愿意推荐好友的,没关系,也可以直接领取。

第八步:维护新裂变好友。

加了好友一定要互动,才能取得信任,而不是放任不管。

第九步:引流的最终目的是为了转化。

很多微商手上都有囤货,所以你想通过产品去做转化,可能会很有难度。直接用自己的产品转化别人,很难。所以,必须要破冰。

你可以先为对方提供价值,在这个过程中,你需要用个人魅力以及能力让对方折服于你。那么后期,对方才有可能加入你的团队做你的代理。

18.4 付费引流

微商在两种基本模式：直营模式、代理模式之外，又发展出了另外两种模式：用直营的方式来招代理、用招代理的方式来做直营。

不管用哪种模式，只要和直营有关系，对流量都是急需。

这时根据品牌的资金实力，可以考虑用付费引流的方式来吸引精准粉丝。

那么付费引流应该怎么做？

首先，我们要选定一个或者多个平台，比如百度、360、搜狗、今日头条等，也可以找微商货源网、微商行业大咖、自媒体平台等推荐。这些都是需要花钱去做广告的。

专业的人做专业的事，对于付费引流这一个环节，当然要找专业的人负责。这也是一个需要不断试错的过程，唯有如此才能找到适合自己的引流方法。

目前最主要的付费引流渠道包括以下几个：

1.百度、360、搜狗服务付费推广引擎。

2.今日头条。

3.各式的招商网站。

4.自媒体大咖推广等。

投放内容也是非常有讲究的，但因为这是专业的工作，所以一定要请专业的人去做这件事。

投放付费引流广告的目的是将精准粉丝引到个人微信号上去。

引到个人微信号上以后，就开始进行后续的转化了。

第**19**步

微商的动销

    某品牌的创始人大张阿姨，年龄并不大，但在微商动销方面非常有经验。这源于这个品牌在微商渠道始终坚持以动销为根本。大张阿姨以这么多年来的经验积累为素材，写了一本《新微商动销手册》，里面详细列举了68种微商产品动销的方法，有兴趣的朋友可以买这本书参考一下。

    相较于大张阿姨的动销具体方法，我这里更多的是偏向于概念性。主要是让大家明白微商动销背后的规律，再结合自己的品牌和产品的具体特点，做出自己的动销方案。

    刚转型微商的传统渠道老板们总觉得微商很神秘，有一种摸不着头脑的感觉，因此他们总是不敢贸然转型微商。

有朋友问我微商趋势如何？

我的回答是："井喷与爆发。"

为什么这么说呢？

最主要的原因就是原来实体渠道老板的介入，注意，这里的实体渠道老板不仅是实体店的，而且包括原来做实体渠道其他生意的。

东莞一个原来做服装的老板，对微商也才了解了两个月，对面膜行业也了解了两个月，然后就宣布自己做微商了。

结果让传统思维的老板们大呼看不懂：这位服装店老板在一个月之内招到了100多名代理，每个人收了1.5万元。

我把这个案例写成文章后，也发表到了各大自媒体的平台，结果被各大微商，特别是面膜行业的微商转载。

后来，不断有实体渠道的老板加我微信，咨询转型微商的事情。

这些实体渠道老板的一个共同特点是：在原来的实体渠道都取得了不错的，甚至是让人羡慕的业绩。但他们觉得单纯做实体有些难做了，就想做微商。

做微商又分两种情况：

1.自己原来的产品拿来尝试微商渠道。

2.原来的生意本来已经步入正轨，自己就索性全身心地投入到做微商当中。

然后，他们提的一个共同问题就是："按我的人脉圈子，如果我要招代理，也可以在一个月内招到100多名代理，迅速回款，但然后应该怎么做呢？"

这其实就是对微商这个渠道的不了解。大家总觉得微商是一个很神秘的领域，当然也有一部分因素是因为行业里有一些"浅入深出"的人，搞坏了行业口碑，导致传统渠道的精英们犹如雾里看花。

其实，核心问题还是：你招代理的目的是什么？

微商招代理的目的是让更多人参与进来，最终目的则是把产品销售到消费者手中。所以我们在做顶层模式的时候，就要着手考虑怎么零售这一个环节了，这也就是通常意义上的动销和促销方案结合在一起。

在考虑动销方案之前，还要思考你的主要目标人群、他们的购买场景是什么。

牢记，微商是以人为中心的，这一点要贯穿到微商的每一个环节中去。

比如我在和某足贴品牌合作时，就发现有一个大的群体是老年人，而这些老年朋友最常去的地方就是菜市场，但手上拿的现金又不会很多，就是买菜的一些零花钱而已。

确定了这个场景后，我们就思考怎么让这些老年朋友们先尝试再购买。

然后，我就让代理们把一盒足贴拆开，两包卖19.9元(一盒要120元)，然后再送一瓶包装、品质都非常精美的沐浴露。这瓶沐浴露在网上买的话要几十元,这样搭配在一起,老人们就觉得很划算。

再配备好相应的地推物料,就可以起到很好的效果了。

其实上面所说的就是比较简单的微商动销。

有些人会问:"这不就是传统渠道里的促销吗?"

我说:"本来就是啊!"

区别只在于微商里的动销是面向个体代理的,而且因为代理制的微商顶层模式,代理需要一级一级地把钱款交给上一级,特别是代理人数又比较多。有的微商品牌甚至有几万名代理,所以与传统渠道比较起来,有着自己的特点。

19.1 微商动销最有效的方式是地推

线上需要技术,线下只需要"不要脸"。

这是在一次触电会内部的分享中,某洗护品牌的创始人石头所说的一句话,我觉得这句话非常有道理。

据石头说,他们第一年就是让代理疯狂去做地推。

微商的从业群体因为是以宝妈为主,过于复杂的加粉、动销根本执行不了。

只有简单的事情重复去做，狠狠地去执行，才能真正有效。

这里以微商某品牌的一个动销方案来举例，看微商的地推应该怎么做。

1.主题。

a品牌足贴19.9元两包惊喜试用，再送价值19.9元的300ml沐浴露一瓶。

2.时间选择建议。

总体原则：选择人们休闲放松、可以有相对充裕时间听取功效介绍的时间段，比如周六、周日可选全天；周一至周五可选傍晚。

最好是小学、幼儿园下午放学时段；其他时间则灵活根据所在城市情况进行选择。

3.地点选择建议。

总体原则：选择客流量大、目标试用人群集中的区域，比如城市步行街、小区门口、小区广场(特别是能跳广场舞的区域)、小学、幼儿园门口、菜市场、白领办公集中的写字楼、车站广场、医院门口、大学城等高校集中区、大型工矿企业门口、宿舍区、实体店(干洗店、烟杂店、足浴店等)。

一般来讲，上述区域都有一定限制，线下地推活动要提前与选定区域的管理人员，如保安、城管、学生会等提前沟通好，以免发生摆好物料不能开展活动的情况。

4.物料准备。

地推工具包(包括地推桌、KT板、地推桌海报、手拉旗、统一款式T恤、展架、打包纸箱等)。

无线蓝牙音箱(需配合播放公司事前就已经录好的录音宣传语)。

扩音喇叭(除播放公司录好的宣传语外,现场也可进行叫卖,吸引顾客试用)。

宣传单页和相关资质手册(视区域具体情况是否印刷)。

产品(根据选定开展活动的区域预估数量,避免数量不够或过多)。

授权证书、登记本和笔、打印并塑封好的二维码等。

5.吸引客流叫卖词。

一段好的叫卖词,不仅能为你吸引顾客,还能引爆传播效应。下面举几段地推常用的叫卖词。

"惊爆价!惊爆价!现在开始啦!帅哥靓妹这边看,先生太太这边瞧,你们手拉手,请往这边走,东走走西走走,该出手时就出手!买优惠买实惠,买来买去买机会!"

"来来来,这边来!这里有优惠,这里有实惠,这里的商品绝对不会贵!捡到珠捡到宝,还不如我们的a品牌质量好!要想买得好,请往这边跑,要想划得来,请往这边来!不要犹豫,不要徘徊!犹豫徘徊,特价a品牌永远买不回来,犹豫徘徊,等于白来!"

"论金银说元宝,这里的a品牌是最好!走商场逛商场,看见a品牌要敢抢！特价不是天天有，机会不是时时在！要买要看行动要快，行动不快机会不在，不买不看绝对遗憾！"

"我们的时间有限，数量不多，a品牌优惠，a品牌实惠，不是天天都有的特价大优惠！把优惠、实惠带回家，才是真的好品位！"

"走商场逛商场，要为自己腰包想一想，你有家财万贯，也要学会精打细算！好的a品牌不要放过，好的机会不要错过，眼里看，心里算，这里的a品牌最划算！如果你是能人，如果你是专家，赶快把我们的a品牌带回家！今天你把它带回家，包你家人夸你顶呱呱，好比在海边捡到大龙虾！"

"出门在外，老妈交代，看见a品牌，脚步要快，能省一块是一块，省下一块去买菜！好用又不贵、经济又实惠的a品牌摆在你的面前，摆在你的面前，等待你的选购等待你的抢购！千年等一回，万年等一次，让人等的心儿碎，如此机会，实在可贵！你是硕士，你是博士，都难遇到如此好事！"

6.活动事后评估。

时间：3月17～18日。

地点：某小区内。

场地概括：十几年的住宅，租户为主，共15栋，大约1200户。据了解周末十点左右开始才有些许人出入，下午四五点人开始多一些。附近可以接电源。

地推人员名单：17日（5人），18日（6人）。

体验人数:79人。

年龄层分析:主要是50岁以上,占总体验数接近70%,50岁以下约为30%。

购买人数:32人(38盒)。

年龄层分析:50岁以上的购买人数占比约为50%,50岁以下的购买人数占比约为50%。

转化率:40%。

场地分析:小区的本地人居住占比约为60%,其他属于租住在小区的外地人。小区有三个出入口,其中两个为小车出入口,一个为行人出入口。我们本次地推地点设在行人出入口,属于行人出入的必经路段。

人流量分析:周六的人流量比较多,除了午饭和晚饭时间相对比较少。周日人流高峰主要产生在早上10~12点和晚上17~20点这两个时间段,其他时间基本没人。

活动总结:两日的地推成果是到场体验人数为79人,其中32人在使用过后直接购买,最多一次性购买3盒。50岁以上到场体验人数为55人,共购买19盒,购买率占比34%,大部分在体验过后都以考虑一下或跟子女商量为由暂时不购买。50岁以下到场体验人数为24人,共购买19盒(其中3人购买2盒,一人购买3盒),购买率达到62%,基本体验过后觉得有效果的都会直接购买。

7.地推方式。

经过实践,建议多人一起去做地推工作。利益分配方式主

要为所零售的产品利润平均分配,谁吸的粉谁后期跟进。建议采用在固定地点地推与游击战术相结合的方式进行推广。

8.跟踪回访与建立体验者微信群。

销售不跟踪,万事一场空。

所以,加到个人微信号上的朋友,一定要进行跟进。通常跟踪七次以上的顾客成交的概率最高,当然你跟进的方式要每次都不一样。

我们要把地推吸的粉都想办法导到一个微信群里,进行统一服务。

9.微商动销一点关键。

有条件要上,没有条件创造条件也要上。

上面所说的就是告诉你尽最大可能做好准备,但没准备好,是不是就不能做了呢?

当然可以做。

微商是越做越容易,越想越难的事。

19.2 微商动销案例

这里以某10亿元级别微商护肤品牌的每年两次大的动销方案为例,来看微商品牌的动销怎么做。

1.每年两次固定的大的动销活动。

上半年的春节促销活动；下半年的"双11"活动。趁着人们在这两个时间段的购买欲被淘宝带起，微商动销可以搭一下顺风车。

2.多产品、多SKU、价格落差大的动销，先从零售端，即最低级别代理端入手设置动销活动方案。

驱动小代理方案：团队长把产品按价位区分为高、中、低价位的产品。按价位1∶1的比例配赠不同种类的赠品，赠品种类不要太多，一般不要超过5款。然后让小代理拿货。

驱动中代理方案：除1∶1配赠外，团队长可以再设置5000元、10000元等容易参与的礼包，礼包梯度：5000元档、10000元档、20000元档等。

驱动大代理方案：在原有收益上，利益进一步放大，家族奖励按梯度进行发放。

3.如果是单品的动销，比如有四款面膜，零售价都是99元。

小代理可以牺牲掉一盒面膜的利润，再配流行的赠品，也牺牲掉中间级别代理的利润，这样顾客拿到手上的价格就非常具有诱惑力。

中代理远期收益承诺，用明天的业绩利益换取今天的承诺。具体操作是，在接下来的一段时间，假设是六个月，本月出货金额的20%～50%给代理任选货品。比如本月出货3万元，未来六个月再配给代理1.5万元任选货，平均分摊到每个月，其实投入比例并不大。或者可以在后期要求每个月达到多少的业绩，才配相应比例的货。

大代理仍旧是利益的释放。

该品牌通过这些行之有效的动销活动，帮助大型、中型、小型代理动销出货，形成真正良性的发展。

19.3 微商品牌方如何帮代理出货

真正健康良性的微商品牌一定要考虑最底层代理的动销问题，这里介绍几个方法，大家可以参考一下。

1."买醋送螃蟹"动销方法。

如果微商产品的成本价到零售价之间的利润空间比较大，特别是最低级代理到零售价的空间比较大的话，就比较适合用这种方法。

就是赠送看上去远超产品本身价值的赠品来打动终端顾客，帮助最底层代理动销。

比如去网上采购一些小家电产品，当然前提是产品品质一定要有保证，诸如小洗衣机、小冰箱、小电视机等，针对零售终端做买赠活动。这种方式的吸引力还是很大的。

除了以上赠品以外，可有意识地寻找各式赠品资源，来进行配赠。

特别注意的一点就是，在计算成本投入比例的时候，要按最高代理级别的出货价来计算。

还可以在网上采购一些家庭日用品打包，采用"包邮"的方式做产品的动销。比如可以采购一些诸如纸巾、环保袋、牙膏等，在产品利润空间能够承受的情况下，用包邮的方式来做，对以宝妈群体为主体的微商代理而言，吸引力还是足够大的。

第 **20** 步

微商团队管理与激励

　　传统企业转型微商的第一步总想着和微商团队合作，殊不知，这根本不现实。为了说明问题，我甚至写过一篇文章《传统企业转型微商，先死了和团队合作的心》。

　　不是不可能，只是可能性比较低。

　　微商起盘一定要学会"自用＋分享"的方式。

　　微商一起盘就开始整明星造势这类的方式都不长久，真正要做的是让第一批10到100人去使用产品，产生口碑产品才能被主动分享出去。

　　通过"自用＋分享"的方式积累第一批1000个铁杆核心代

理,再通过其他微商裂变手段扩大团队规模。这才是做一个持久微商品牌的基础。

基础扎实才能走得更远!

所以来找我的各位传统渠道老板们,别再问有没有团队介绍了。

沿着这个思路起盘的品牌方,随着代理人数的不断增加,马上就会面临着微商团队的管理问题。

微商团队与传统企业管理的不同主要有以下几点:

1.微商代理的黏性比较差,平常主要通过微信联系。

2.没拿工资,所以不能用管理员工的方法去管理微商代理团队。

3.微商代理的主要群体决定了其理解能力和接受能力参差不齐。

所以,基于以上几点原因,微商团队的管理和激励也有着自己的渠道特殊性。

首先,微商最大的问题之一就是乱价,能否控制乱价要靠品牌方的决心。

在包装盒印上溯源码防伪,并且设置暗码,肉眼看不到的暗码编码规则只有少数人知道。

只要谁乱价窜货,100%要被追查到!

我们也可以借鉴"秘密制度+零容忍"。

所有人只听命于稽查部领导，在代理群中，一旦发现代理乱价，直接踢出群。

这样，代理就明白只要乱价，肯定被发现。由此控制乱价问题。

另外乱价只管控到顶部的三层大代理，再往下的零售价是没法控制的，也没必要。

这种做法是其他品牌马上可以用的。

其次，微商品牌参加展会务必谨慎，搞不好自己代理就被别人挖走了。

如何避免？

我们可以在全国挑选一定数量的代理参加三天内训会以及参展，节约成本。

参展时代理要统一穿制服、统一行动，参展代理以连、排、班为单位，占据展位交通要道、附近酒店门口、地铁口、公交门口，甚至轮班换岗。团队长统一指挥，确保进去展会的每一个人都能看到该品牌。

最后，是团队激励问题。

代理时动时不动，状态缺少激情怎么办？

微商里的每一个代理几乎都有四种身份：

1.消费者。

2.宣传者。

3.服务者。

4.创业者。

这四种身份中,真正让微商裂变迅速的就是创业者这种身份,创业艰难百战多。

一个创业者自从开始创业以后,晚上的睡眠就会像婴儿一样:每隔两个小时就醒来哭一次!

作为一个创业者,就要做好没有休息日、假期的心理准备。

微商中的创业者,就是团队的管理者,而管理者的六条基本要求和工作就是:

1.作为一个管理者,是你在管理团队,而不是团队管理你。

2.给予目标。

3.给予方法。

4.给予监督。

5.以身作则。

6.优胜劣汰。

所以作为一个团队领导或者品牌方,提"代理时动时不动怎么办"这个问题,本身就是一个错误,因为违背了第一条。

代理时动时不动,这太正常了,是人都有懒的时候,那这个时候,作为一个团队领导,应该怎么办呢?

可以参照第二条,给予目标并分解目标。

月底要制定下个月的目标,而且要分解目标。

比如代理a上个月卖出了500箱货品,那这个月就制定600箱的目标。b代理上个月卖出200箱货品,那这个月能不能完成300箱。

所有人都制定了目标以后,就在群里开大会,群情激昂之下,问大家有没有信心?

这时,代理们的回答一定是:"有信心。"

鸡血是一定要打的,打完了鸡血,这个月就开始干活了。

除了制定目标和分解目标,还要给予方法。

比如代理a这个月制定了600箱的目标,管理者就要给出A、B、C等的方法来帮助他。

代理b的目标制定和分解完了,也同样要给出方法。

代理可以懒,但作为团队领导,就不能懒,还必须是最勤劳的那一个。

代理不去主动加人,管理者就主动去加;代理不去聊天,管理者就发布聊天截图;等代理赚不到钱,找管理者时,管理者就可以告诉代理,自己是怎么赚钱的。既然想要赚钱,那应该做的事情,怎么能不去做呢?

有人总结出让一个微商一定能赚到钱的12项日常任务。

(1)主动添加30个好友。

(2)与30个陌生人聊天,层层筛选意向客户。

(3)用心评论20条朋友圈,建立连接。

(4)发布8条朋友圈,至少2条是有价值的干货。

(5)晚上在5个意向客户较多的社群互动,刷脸吸引客户。

(6)找一位好友进行互推吸粉。

(7)跟10位代理一对一沟通。

(8)在代理群内做好总结。

(9)检查代理的朋友圈。

(10)至少学习30分钟,并做好第二天的目标计划。

(11)结合自己的产品特点做好地推工作。

(12)和实体店结合。我认识一位负责人姐(年龄已50多岁了,现在月赚不低于20万元),她每天的目标就是去拜访十家实体店,微商现在一定要和实体店相结合,才能赚大钱。

代理懒太正常了,是人都有懒的时候了,但是通常不会一群代理都突然没了干劲。所以管理者可以看一下,到底是团队里的哪一个懒。如果动员了还是没有用的话,那该淘汰时就淘汰,也就是所谓的优胜劣汰。

有些代理说:"我发朋友圈,虽然有人给我点赞,但没人主动找我聊天,搞得我没有激情了怎么办?"

其实,这太正常了,我们不能指望生意主动来找自己。守株待兔这则故事已经告诉了我们,一直等待,是等不来你所想要的东西的。

哪个行业不需要主动呢？做保险的、办健身卡的……

现在的微商和两年前的不一样了，之前大家对微商是有些好奇，但现在谁的手机微信里都有卖产品的，人们对此已经不好奇了。

因此微商一定要坚持发朋友圈，这是为了打造个人IP，让别人知道你是一个全职微商。微商还要主动去聊天，不管说什么，说总比不说好。

聊天有很多种方式，因人而异。

比如，我说："我的微信已经满5000人了，如果你不打算买我的产品，也不准备做我的代理，就互删了吧。"即使是用这种方式聊天，我也招到过代理。

因此，做微商一定要勇于开口，不用考虑说什么，随便讲好了，只要你讲就有机会。

所有的情商和口才都是在不断磨炼中进步的。

销售的三大要素：脸皮厚；执行透；口才好。

聊天遵循的一些基本原则：寻找共同点，恭维对方基本是不会错的。

比如对方经常晒自拍，或者一个宝妈经常晒孩子，都可以先从寻找共同点、恭维对方开始。

你不主动，我就主动；主动我们才会有故事；主动出击，绝不会有错。

第**21**步

狠狠地分名分利

如果微商品牌方能够顺利起盘,并且充分利用微信做好裂变的话,团队成员就会多起来,逐渐形成一些规模较大的微商团队。

这个时候,就有可能出现两种情况:

1.代理裂变乏力,团队成员流失,业绩下滑。

2.大的团队要自立门户,一旦有大的团队离开,业绩会直线下滑。

对于第一种情况,我用一个真实的微商品牌案例来说明。

曾经有一个内衣品牌的微商来找我咨询,这个品牌方是最早一批迅速转型做品牌商的微商人之一，并且通过做微商赚到了钱。

他们的产品质量和复购率都还可以，在微商品牌六个月就死掉的大环境下，他能做到两年多时间。

虽然他积累了一定的资金，但同时公司在促销形式方面并没有太多新鲜的玩法。因为产品质量问题，销量下滑严重。

那么我们要解决的核心问题就有两个：

第一，货要往下走，解决零售动销问题。

第二，人要往上升，解决代理升级问题。

想要解决这两个问题，最好用短期刺激方法。

1.会销之内训会与裂变会。

这种方法可以激活团队，把代理团队分出三六九等，有针对性地解决问题，也可以动销出货，快速收钱。

某化妆品微商品牌一年时间做了八场落地内训会，连续几个月，每月都开会，再配合旅游、抽奖等方法，使得品牌业绩突飞猛进。

内训会与裂变会相结合可以达到"场内成交场外，现场升级代理"的目的。

2.代理制度和模式进行小的调整。

原有的模式制度已经与现有的微商市场情况有些不吻合，我们需要结合团队实际情况对代理制度和模式进行调整，但也不能大改，小改就行。

3.扶持榜样团队。

"二八法则"在微商中也是成立的，百分之八十的业绩是靠团队中百分之二十的成员争取而来。

因此我们要与核心团队长沟通、谈心，取得他们的支持，双方共同来进行二次创业，不过要注意，事前需要定好活动承担的比例。

4.定好促销节奏。

以月为单位，策划好近期的动销活动，配合内训、旅游等，形成一波接一波的浪潮。

5.与代理团队交心，一定的造势还是非常必要的。

要让整个代理团队知道公司下一步要怎么走。

一家公司光谈情怀，不落地，那是空话。光是落地，不谈情怀，做到一定程度就会陷入瓶颈，做不大。

好的公司和品牌，一定是情怀与落地结合得非常好才行，微商品牌也不例外。

6.以团队长为单位，试点。

制订了方案，先不要大面积地铺开，我们可以先找一两个团队来试点，总结经验教训，再全面铺开。

如果用长期解决方法，那就要做好消耗大量资金、精力、时间的心理准备了。

微商也是商,要符合生意发展的规律。

做得好的微商品牌,背后的发展规律都是类似的。我们要做的就是弄清楚这些品牌背后的规律。

1.微商就是小批发+团购,所以要从这一点上出发,才能真正解决零售动销问题。

2.品牌定位。顾客是以品类进行思考,以品牌进行表达。那你的品牌一定要解决:我出于什么原因,需要购买你的品牌。

3.微商是以微信为载体,所以与传统渠道的营销毕竟还是不同,所以要问自己三个问题:最适合谁来买?在什么场合适合卖?最适合的销售方式是什么?

配合品牌定位,解决了这三个问题,微商品牌才能健康、长期、良性发展。

而对于第二个问题,怎么捆绑大的团队长呢?

微商时代,要想让自己事业做得更大,老板自己变得更轻松,还能把代理团队牢牢捆绑住,必须要做到五个字:分名、分利、狠。

简单总结一句话就是:狠狠地分名分利。

微商渠道越来越像传统渠道,不管外表如何光怪陆离,其背后的规律都是一致的。

既然微商是一个渠道,微商品牌企业的管理也是一个系统工程,这一点传统营销的"木桶理论"又发挥了其不可替代的作用。

但在这么多的木桶板块中，不管是传统企业，还是微商企业，代理商或者经销商的管理，都是一门大学问。

而微商渠道又因为其特殊性，有别于传统渠道。

这种特殊性表现在：

1.通常情况下，双方的联系只通过微信。

2.团队成员流失率较高。

3.做得不好，代理消失得快；做得好，团队规模大了，自己又想单干。

传统的营销管理是胡萝卜加大棒。而微商代理的管理是：弱化大棒的作用，加强胡萝卜的用法，甚至以胡萝卜为主。

现在，已经不是一个谁为谁打工的时代了。个性主义在崛起，所以作为微商品牌方，要狠狠地分名分利。

那么具体我们要怎么做呢？

1.分名。

打造代理团队长的个人IP，要给予其头衔，更要花钱去推广这些头衔。

比如上卫视，甚至央视，也就是所谓的"推广"运动，也花不了多少钱；还可以给做得好的团队长在其家乡打广告。

2.分利。

光分名,如果没有相应的利益捆绑,意义也不大。

把一个微商盘的一部分股权稀释,给期权也好,给股权也好,以文件的形式固化下来,让这些大的微商团队捆绑在一起。

至于具体怎么来分,可以采用《逆向盈利、逆向融资、逆向招商》里的方法,把一家公司的股权进行拆分,分到每一个人都是在为自己做事的程度。

3.狠。

要么不分,要分就分得狠一点。

比如某一个社群组织,直接报名是一个金额,你介绍一个人入会,直接分50%的报名费。这就是分钱分得狠的典型。

其实,"狠狠地分名分利"对于传统企业也同样适用,只不过在微商时代,微信的存在大大拉近了人们之间的沟通时空距离,所以也就更加显得有效而已。